子どもがつながる「フリー対話」で算数の授業

重松優子
著
田中博史
監修

東洋館出版社

はじめに

　私は公立の小学校の教員です。いろいろな子どもたちに出会ってきました。高校のようにその学校を目指して入学してきたのではなく、決められた校区の小学校に通ってきてくれています。クラスメイトと一番多く過ごす時間は、授業です。気が合わない人も、人見知りの子も、話すことさえ苦手な子もいます。その中で自分の意見を出すことってどれだけハードルが高いと思いますか？

　ブルーハーツの甲本ヒロトさんが、「学校に居場所のない子に言ってあげられることはありますか？」という質問に対し、「居場所あるよ。席あるじゃん。そこに黙って座ってりゃいいんだよ。友達なんていなくて当たり前なんだから。友達じゃねえよ、クラスメイトなんて。たまたま同じ年に生まれた近所の奴が同じ部屋に集められただけじゃん。趣味も違うのに友達になれるわけないじゃん。山手線に乗ってて、『はい、この車両全員仲良く友達ね』って言われても『いや、偶然今一緒に乗ってるだけなんですけど』って」と話したと伝わっています（言い方や表現に諸説あります）。

そう、たまたま同じクラスになった子どもたちです。簡単に「仲良くしろ」なんて言われてできないのも分かっています。

けれど、困ったときに友達に頼ること、友達と話して見方を広げること、一人で考えた後に聞いてくれる仲間がいること。そういう経験をさせてあげたい、そう思っています。

担任は授業に限らず、いろいろな姿を見ることができ、子どもたちに伝えられ、つなげられる立場にいます。


苦手をお互いに補い合って、できない・分からないことが悪いことではない、その子のありのままを受け入れることが大事だと実感してもらうには、一番多く過ごす授業の中でお互いが認め合える場を作っていく必要がありました。

認め合うのに、最適だと考えた活動が、対話活動。

悩んでいること、困っていること、考えたいことを出し合ってみんなで考える。大人でも一緒です。学力差があるから一斉より分けた方が……ではなく、みんなで一緒に解決するために何を使うか、どう子どもに動いてもらうか。対話活動がどうあるべきかを考えてきました。

私の恩師が、「授業に0点も100点もないよ。自己評価はできるけれど、子どもの数、先生の数だけ点数があるから。どんなにファンの多いアイドルだって、ネットを見ればアンチがいる。ファンなのに全部をまるごと受け入れられないファンもいる。全員に好かれる、喜ばれる授業はない。けれど、小学校だからこそ、先生が子どもにとって楽しい学びの空間にすることはできる。子どもを安心させる場所に変えることはできる」と言っていました。

その通りだなあと感じたので記録しています。子どもと一緒に、授業を創り続けるために先生も学び続ける。教えてもらったことで、いいなぁと思えたものは自分なりにアレンジしてやってみる。その繰り返しです。なぜなら、毎年子どもは違うから。この方法だけで行く、なんて到底できません。

「子どもにとって、授業を楽しい学びの空間にしたい」

その思いで、対話活動を軸にした授業改善を行っていきました。

これは以前、私が教えていた6年生の子どもたちに書いてもらった算数アンケート。

一緒に授業を創ってきた卒業前の子どもたちから、たくさんの言葉を書いてもらいました。

～子どものアンケートから～

○みんなが自由に意見を言っていてよかった。

○フリータイムというものが初めて設けられ、周りと話し合うことが増えた。まちがえは悪くない、むしろいい経験ということを知って、積極的に発表しやすくなった。

○自分の考えも相手の考えも知ることができ、授業では考えが言えない人もフリータイムをとることで、自分の考えを持ち、どんどん楽しくなっていった。

○フリーのじかん、さんすうがたのしくなった。

○すごく楽しかった。授業のやり方がちがった。

○周りの人を気にしすぎないでいいから、自分の困っていることをしっかりとかいけつできて、分からないままではなくなったことと、フリータイムがあるからクラスみんな一人一人の意見を聞くことができ、たくさんの考えが出たことです。

みんなが自由に意見を言っていてよかった

① （5）6年生でした算数の授業はどうでしたか？（今までと違うところは？）

・フリータイムと言うものが初めて設けられ、周りと話し合うことが増えた。
・まちがえはわるくない、むしろいい経験と言うことを知って積極的に発表しやすくなった。

② フリーをとった授業はどうでしたか？

いろんな人と交流し、たくさんの意見をしれ、自分の考えを見直したりできて、メリットだらけだと思うし、楽しい。

フリーをとったりはしたことがなかったから5年のときのさいしょのさんすうのじゅぎょうでいろいろかわったからびっくりしたのけどどんどんなれていってフリーのじかん、さんすうがたのしくなった

自分たち子供にまかせられたこどものじゅぎょうだったからとてものびのびとしていて楽しく、一人一人のこせいのあふれたじゅぎょうでとてもたのしかった。6年生ではじめていままでではじめて味わた新しいしゅるいの最高で自分の意見をしっかりいえる自らりかいしようとできる人を育てることのできるじゅぎょうだと思いました。

すごく楽しかった。

今までと、じゅぎょうのやり方がちがった。

どうして？ 4年生までは、周りを気にしてしまってわからないことを分からないと言えなくてそのまま授業が進んでしまったけど、5年生、6年生になって、先生が、分からないことはしっかり言っていいんだよと言ってくれて分からないことより分かることの方が多くなったから。

① （5）6年生でした算数の授業はどうでしたか？（今までと違うところは？）

上の文と同じで、周りの人を気にしすぎないでいいから、自分が困っていることをしっかりとかいけつできて、分からないままではなくなったことと、フリータイムがあるから、クラスみんなの1人1人の意見を聞くことができ、たくさんの考えが出たことです。

・みんなで授業を作っていく

② フリーをとった授業はどうでしたか？

分からない所はみんながわかるまでおしえてくれて、分かることが多くなった。

② フリーをとった授業はどうでしたか？

自分の考えも相手の考えも知る事ができ、授業では考えが言えない人もフリータイムをとることで自分の考えを持ちどんどん楽しくなっていった。

どんな授業を創っていきたいか？と聞かれれば……授業の中で、みんなと話すこと。いろいろな意見や考えがたくさん出るのを楽しむこと。分からないと言える環境を作ること。あ、でも算数が苦手でも、授業はみんなとするから楽しいと思ってほしいなあ……なんて、理想を語ればきりがありません。

あるときから、教師が一人で考えるだけでは駄目だということが分かりました。そこから子どもと「授業の在り方」について一緒に考えてきました。**ただ授業を受けるではなく、参加する、一緒に創る。**私が行っているのは一斉授業での話です。クラス全員が受け入れているわけではないことも百も承知です。

けれど、子どもたちの感想から、みんなの意見を聞くことが楽しい、間違えることは悪いことじゃない、という思いをもってくれているように感じます。意欲的に授業を創ってくれたのだなあと感じました。

この本は、正誤がはっきり出て、学力差が大きく見える算数という教科で、子どもたちをつなげようとしてきた担任シゲマツと今までのクラスの子どもたちとの授業改善に向かった歴史です。

先生方にとって少しでも授業づくりのお役に立てれば、とても嬉しいです。

子どもの必要感に支えられた対話でつなぐ算数授業を創るために

「授業・人」塾代表　田中 博史

10月のはじめに重松学級を再度訪問しました。この日は彼女の研究授業をクラスの子どもたちの目線で体感してみようと思って、子どもの座席に座り一緒に受けてみました。

当日は、東洋館出版社の畑中氏ともう一名の参観者のみ。授業は6年生の比の活用の場面で、問題場面を簡単に要約すると「砂糖と小麦粉を3：5にして使う、小麦粉は240gある、砂糖は何gになるか」というものでした。

子どもたちの議論が延々と続く、迫力ある授業でした。その中で一人の女の子が「240÷3」という式を立てたのだけど、それに対して他の子から240を3で割るのではなく5で割るのだという修正の意見が出ます。でもその女の子は、「求めるのは砂糖なのに、どうして小麦粉を小麦粉で割るの？　小麦粉はもう分かっているのに。知りたいのは砂糖の方でしょ」と食い下がります。

この質問、そう言われると確かにそう考える子がいても不思議ではないなあ、この子の気持ちはよく分かるなあ、と私も考えさせられました。子どもはこういうところに疑問を感じているのか、これに対して私たち大人はどう向き合っていくのがいいのだろう。私はいつも自分ならこういうときにどうするかと、他人の授業を見ながら考えることを楽しんでいます。

過去にも重松学級の他の世代のクラスを何度か訪れましたが、毎回、こうして素直に自分の疑問を表現できる子に出会います。この場面のように納得いくまで食い下がる子どもが必ずいるので、話し合いがどんどん深まっていきます。子どもってすごいなあ、と毎回感じ、そして大人である私も新しい子どもの姿や見つめ方を知って考えさせられるのです。

本書の実践記録を読むと、そこにもたくさんの素直な子どもたちによる小さな小さな疑問をもとにした話し合いが展開されています。こういう実践記録を読むと、このようなクラスをつくったことがない人は、本当に子どもがそんなことを言うの？　創作しているんじゃないの？と疑う方もあるようです。でも、私だけではなく多くの重松学級の参観者は、この姿を実際に見て驚きます。特に表現を段々しなくなると言われる高学年の子どもたちがずっと素直なままです。

重松先生が本書で提案しているフリー対話は、そんな子どもたちが自然体で表現できる場面を作るのに大きな役割を担っています。子どもたちは「フリーの時間をちょうだい」と重松先生にリクエストを出していましたが、こうした時間の設定はいつも教師が仕組むだけではなく、子どもの方から必要な場面のサインを出すことで設定されるということを特に意識して使い分けているところが一般に行われている方法との大きな違いです。

どんな場面で自由にするのがよいのか、どこまで任せるのがいいのか、常に自問自答しながら重松先生が取り組んでいる様子が第4章の実践記録からも読み取れます。

私は、このクラスがこのように自然体になれるのは、こうした手立てだけによるのではなく、いつも行われている対話の時間が果たして子どもにとって本当に必要なタイミングだったのだろうかと、子どもの必要感に真摯に寄り添う教師の姿勢そのものによるのだと思いました。私たちの先生は、そんなところまで私たちのことを考えてくれているんだと伝わるからこそ、この素直なままの子どもたちの姿が続くのです。

私が現役の頃、筑波大学附属小学校の研究会に参加された方が、活発で自然体で表現できる子どもを見ると、あれは筑波の子だからできるのだ、自分のところの子どもたちでは無理だと、いつも子どものせいにする方に出会ってきましたが、大分県の公立小学校の子どもたちとこんな素敵な時間をちゃんと作っている先生がいるのです。この事実を全国の先生方にも知ってもらいたいと思ったのが、本書の企画を始めたきっかけでした。

読者の先生方には、本書の手立てを形式的にまねするだけではなく、その根底にある授業者の心、想い、目的そのものを読み取ってほしいと思います。

重松先生の願いが伝わりやすいように、本書はあえて、研究論文とは異なる読み物としての文体のままにすることにしました。それはこうした本をぜひ若い人たちにも読んでほしいという重松先生の願いからです。本は読んでもらってこそ価値があると私も考えるので、読みやすいということを何よりも大切にしました。記録もできるだけ子どもたちの言葉そのものを掲載するようにしましたが、大分の言葉で読者に分かりにくいと思われるところのみ、ほんの少しだけ修正しました。

今、現場では新しいキーワードが出るとそれ一辺倒になってしまうという状況が続いています。でも翌年にはすっかり忘れられているという教師の主体性のなさによる悲しい現実に出会います。

また表面的な形式ばかりを気にし、子どもに個性を求める割には、自分たちはひたすらそろえることに懸命になっている、そんな矛盾する光景にもよく出会います。

形式的なルールで縛られた子どもたちや先生たちが窮屈そうにしていませんか。力のあるスクールリーダーたちにはもっと頑張ってもらって、大人も子どもも一人ずつがもともと持っている力を最大限に発揮できる環境を作ってあげる本当の意味での個別最適化を実現したいものです。

本書が、子ども本来の力が発揮される本当の問いを軸にした算数の授業づくりが復活する一つのきっかけになればこんなに素敵なことはありません。

最後になりましたが、本書の企画の段階から、また途中読みやすさを求めるために度重なる構成の修正にも、さらには最後の締めくくりの重松学級参観の日まで、快くきめ細かな対応をしてくださった編集の畑中潤氏には心より感謝申し上げる次第です。

もくじ

第3章 子どもはどの場面で対話をしたくなるのか

第4章 「フリー対話」で創る算数授業……141

第1章

子どもが「必要だと思う」対話活動をしよう

対話活動の必要性

対話活動は、他者と関わって学習するという意味でも、とても重要な役割を果たします。それは、今に始まったことではなく、昔から行われていたことで、新しいことでもなんでもありません。改めて書かずとも、必要性はずっと言われていることです。

時代が変わり、コロナ禍が終息してSociety5.0の幕開けということで、タブレットを使う授業も、もはや当たり前となりました。個別最適化、自由進度学習など、個に応じた学習の必要性も叫ばれています。「Society5.0に向けた学校ver3.0」というものも提唱されています。

以前は一斉学習をスタンダードとしていましたが、今はいろいろな教育方法が多くの先生方によってたくさん行われています。けれど、どんなに時代が変化しようとも、「学校は、実体験や他者との対話・協働をはじめ多様な学習活動の機会を公正に提供する役割を重視」とあります。**他者と関わって学習を進めることは必要不可欠である**ということです。

でも、私が行う対話活動は目的ではありません。活動そのものを目標にするという提案もありましたが、今回提案するのは手段の一つです。本書では、そういう意味での対話について書いています。授業の中でねらいに到達するためにタブレットを用いたり、ワークシートに書いたりするように、その中の一つの方法として対話活動を入れてきました。どの手段も使い方と効果を最大限に発揮することができれば、子どもたちの理解を格段に高めることができると考えています。

私が行う対話活動の目的は、**授業の内容をしっかり理解させることと、子ども一人ひとりが大事にされたと授業の中で感じさせること**。そのために「必要なときに」対話活動を入れることが大切だと考えています。

私は今まで、先生である私にとって必要なときに対話活動をさせていました。けれど、子どもたちと話し合う中で**子どもたち自身が「必要なとき」に対話を行うと、さらに内容を深く理解させられる**ことが分かったのです。

それだけではなく、友達と話すことで分かりたい！　理解したい！という意欲を引き出せるようになったのです。

「授業では、分からないときには分かりませんと言っていいんだよ」

どの先生も言っていることです。

けれど……子ども心ながらに、「分からない」と言うのはなかなかハードルが高いようです。しかも、「分からない」の言葉の中には、一人ひとりの分からないの質が違っていたことが分かりました。文章の意味が分からない、どの計算をすればいいか分からない、既習を使えばいいけどその既習が分からない、先生が今しゃべったことが分からない……。

その中で、先生は「ここがみんなは分からないんだね。じゃあ、今日はここを考えていきましょう」と統一してしまいます。それが、課題と呼ばれたり、問いと呼ばれたりするものです（どうやら地域によって呼び方・捉え方が違うようです）。

ねらいに向かうため、焦点化させて考えることはとても大事ですし、いろいろな県でも授業の型として提唱されている授業の仕方ですね。これは、大切にすべきことだと思います。まとめに向かっていくときに話の軸をブレさせないための大事な焦点化です。けれど、その焦点化させるまでの授業の展開の仕方は各々で工夫できるし、子どもの実態に合わせていいと思っています。

図工の授業で花の絵を描きなさいと言って、テーマが同じなのにもかかわらず一人ひとり絵の内容や色使い、見方や描き方が違うのと同じように、授業を一つ創るのでも人によって全然違います。

その先生のカラーを出していいと思っています。どの先生も同じ授業をするなんて、できるわけがないのです。それが教師のやりがいであったり、難しかったりする部分なのですが。そのため、日々教材研究や互見授業などで見てもらって、さらに研鑽を積んでいるわけです。

では、これらは何を目指しているのでしょう。良い授業、でしょうか？

でも、何が良い授業なのでしょうか。

良い授業って？

〝良い授業〟って何でしょう？
指導案通りにしたら、100点？　子どもが分かってない授業でも……？　逆に、教師が見たらもっと頑張ってほしい授業だった……と思えた授業でも、子どもが楽しかった！もっとやりたい！という授業は、良くない授業？　それは担任にとってなのか、学校にとってという立場としてなのか、子どもにとって良くないのか。そう考えると、**すべての人にとって100点の授業なんてありえない**のです。逆に言うと、0点も。

型通りの授業、指導案通りの授業をしたら成績が上がるわけではありません。できると言われている子は、本当に内容が分かってすらすら解けているのか？　分からない子はどこを見てくじけたのか？　そんな一人ひとりの思いや困りを45分の中で出してあげる必要があります。

先生が机間巡視をしたら分かるのか……そんなこともありません。先生が見ているのは一瞬です。次に回ってくるまでに考えが変わることなんてたくさんあります（みんなの前で当てたときに、机間巡視で見ていたことと違うことを言う……なんて、先生あるあるじゃないですか?）。動きが止まっている子に声をかけたりもするでしょう。

多くの教師は、〝子どもが少しでも一人で動けるように〟と手立てを講じながら見て回っています。誰から当てるかを考えながら。間違った答えから出してどんどん洗練させて正答に持っていくやり方もあります。けれど、その授業のパターンを何度も行うと子どもは分かってくるわけです。先に当てられたということは、自分のは間違ったやり方・考え方だということを。

そんなときに、対話という手段は子ども同士をつなぎ、「分からない」を引き出し、話し合いで解決できる、オールマイティな方法です。

実際、子どもたちに「近くの人と話してみましょう」と言いさえすれば、子どもたちは動き、話し始めるでしょう。けれど、対話活動を行っているときにぎこちなさや難しさを感じるときがありませんか？　対話活動をしている子どもの姿を見てみてください。隣と話さないままだったり、すぐに話し終わってやめてしまったり。遊んだり、ふざけ始めたりする子も出てきます。

そこで先生がすかさず声をかけるとしましょう。「もっとないか話してごらん」「まだ時間あるよ」「何に困ってるの？」「今は近くの人と話す時間でしょ」と。

授業の中で教師が決めた時間の中で話し続けている様子や内容、困りを、教師が確認したいからです。教師の見取りはもちろん大事なことです。対話活動を取り入れるのもとてもいい手段です。

けれど、**子どもたちの中には話すこと自体が苦手だという子もいるのではないでしょうか。**話すことは好きでも、互いの考えを話し合うことが苦手な子どもも。

私自身、子どものときの対話活動が本当に好きではありませんでした。先生の授業は、好き。だけど、あの「近くの人と話してみましょう」が本当に苦手だったのです。

苦痛だった対話の時間

少し、自分のことを話しますね。

小学校時代の私は全く自信がなく、算数も苦手。

「近くの人と話してみましょう」と言われるたびに、なんで今話さなきゃいけない？　先生の都合で？　隣と話したくないな……と思うことばかりでした。ちょっとひねくれていますよね。先生の話をただ黙って聞いている方が過ごし方としては楽で、ノートを書いているふりさえしていれば当てられることもありません。そんな中で入れられるグループの時間やペアの時間が苦痛でしかなかったのです。

なぜそんなに苦痛だったかというと、**ペアの子は塾に行っていて、どうせ分かっているから。私が話したところで意味がない**と思っていたからです。

自分も塾に行っていたけれど、物分かりのいい方ではありません。間違っているかもしれない私の考えを話すよりも、相手が知っていることを話すのを聞く。もしくは、塾に行っている子に教えてもらう。

そこで私の言える言葉は何か。

「すごいね」

です。

「そうでしょ? 知ってるんだー、塾で習ったの」

これです。塾に行ってますマウント。

こんなことをされたら、私も行っているなんて言えません。○○ちゃんはすごい、頭がいいんだね。そう思わせられる嫌な思いをした時間でした。

小学生の自分だって、ちょっぴりプライドくらいあります。なのに、いつもいつも頭のいい人に教えてもらうばかり。この話す時間のたびに「できません」というレッテルを貼られているようでした。

では、話す相手が算数の苦手な相手だったらどうか?と言われると、それもまた大変でした。なぜなら、会話にさえならないからです。

「ねえ、この意味分かった?」

「いや、先生の話聞いてなかった。なんて言ってた? 早く終わらんかなー」

これです。

分からない人ほど、こうやって逃げようとします。自分を授業の中で保たせることにいっぱいいっぱいなのです。その後、何の会話になるかというと……全く関係のない話か、無になって時間が過ぎるのを待つかの２択。

結局その時間は、先生が書くまとめをせっせと書き写す作業です。

ならば自分が何でも話せる仲良しの友達が対話相手だったらいいかと言われると、それがまたそうでもありません。確かに自分のことを知ってくれているから、自分の考えは言いやすいです。

「えー、私もしげちゃんと一緒――！」

「だよね、こうなるよねー」

……完。

もしくは、違う考えだと、

「へ～、そんなふうに考えるんだ～！」

……完。

仲良しの相手が同じだと言ってくれたから自信を持って発表するかというと……しません。では、友達の考えをわざわざ発表するか？というと……それもしません。

私が手を挙げなくても、誰か言ってくれる。待っていれば授業が終わるからです。

2人ならまだいい方です。人数が増えるほど、厄介になります。

先生の「グループにしましょう」は、

「出たー！　困ったときの先生のお決まり……そろそろ来ると思ってた……」

と肩を落とす瞬間です。

4人になると、自分以外の3人に自分ができない、分かっていないことを伝えなければなりません。**まとまっていない考えを言うのもハードルが高い**のです。分からなくても、変なプライドはあります。いつまでも、できないと思われたくはないのです。

嬉しそうに机をくっつける友達と裏腹に、自分は苦痛な時間のスタートだ……と思っていました。

大体よくしゃべる子が司会をします。

「じゃあー、時計まわりで聞くね」

その心の中は尋常ではありません。分からないと言えたら楽だけど、塾に行っている人たちにマウントはとられたくない。そこまで分かりたいかというと、今は特に必要性もない。あとでまとめを見るか、どこかに載っている公式を覚えれば解けるようになる。じゃあ、この場をやり過ごすにはどうすればいいか？

小学生の私が生み出したベストな言葉は、

「今、考え中」

そうすると、友達も何も言えなくなるし、先生が来たとしてもやり過ごせます。この対話の時間は永遠ではないから、きっと先生がそろそろ「そこまでー！」と言ってくれるでしょう。その時間まで保つにはとてもいい言葉でした。

だって、考えていたのですから。嘘はついてません。

「考え中」と言うと、先生もそうなのか、という顔をして他の人のノートを覗きに行きます。ノートを必死に見ていて咎めてくる先生も、分かってないと思っている友達もいないと考えていましたから。

そう、**対話の時間はみんなと話せる時間、自分の考えを持てる素敵な時間と思っているのは教師サイドなだけで、私にとってはどうこの時間を乗り切るかを考える時間**だったのです。こんなふうに考えている子どもは、きっと私だけではないと思います。

大人になっても……？

苦手だった対話活動。実は今も変わっていないかもしれません。自分の意見をはっきり言う対話活動は苦手です。とにもかくにも自信がないからでしょう。

いろいろな研修に出ても、校内研でもグループや近くの人とで話すことが多くあります。いつも心の中で、またか……と思ってしまいます。誰にどう気を遣うべきなのかを悩みます。「そうなんですね、へぇ～……」と言って終わってしまうことも。

多くの意見を出したい（聞きたい）、先生たちが受け身ではなく積極的に参加してほしいから……たくさんの意図があるのでしょう。それも分かります。

はじめましての人と、この研修の2時間の間の10分だけ話す。私にとっては気が抜ける時間で、じゃあその人と話したから何か変わったかというと……何も変わっていません。何か話したな、くらいなのです。名前くらい覚えたか？というと覚えてもいないのです。帰るときに「あ、どうも～！」と言うくらい。テーマを深掘りするほど、話してもいません。

コロナ禍で研修がＺｏｏｍになったときも一緒です。「ここでブレイクアウトやってみようか～」のときには、マジか……と思ってしまいます。顔見知りでない先生たちと、急に飛ばされる少人数の場面。

まず誰が口火を切る？　話し始めたらおせっかいな人だと思われる？　え、この話題気を遣わせる？……などと、内容そっちのけでこの場をどう乗り切るかを考えています。人の顔色をうかがってしまうのです。

では、私が話すのが苦手なのかと言われると、そうでもありません。むしろ大好きな方です。よくしゃべっていて、うるさい部類です。会話はできるのに、対話ができない？

なぜ、こういう場での対話を促されると拒否反応を起こしてしまうのか。

けれど、すべてのときがそうなのではなく、自分からちょっと近くの人と話したいんだけど！と意欲的になるときもあるのです。その違いは何でしょう？

それを考えたとき、私の中に浮かんだ答えは、**必要性があるか**でした。

必要性とは

例えば、ある研修で「今、自分の学校で困っている授業の悩みを近くの人と話してみましょう」と言われたとします。

近くの人とアイスブレイクを行うためか、それとも他の学校の先生と話すことでアドバイスをもらえる、という目的なのか。この後の話につなげるため、先生たちから悩みをたくさん募ってその中から話をしたいと思っているのか。言った側に目的（こうなってほしい）があることは察することができます。けれど……。

私には、**それを話す必要性が見つからない**のです。

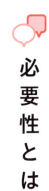

何のために？　そして、初めて会う先生にどこまで話すのが正解か？　話して、的確なアドバイスをもらえるのか？……などと考えていると、うまく話せないまま終わります。

むしろ、変な気を遣うだけで終わってしまうのです。逆に「ここまで言って、相手はどう思っただろう？」と、話さなければよかったと思ってしまう場面があったりします。余計な感情が入ってくるのです。そんな経験をしているからこそ、どこまで話すべきか？話したことで自分のためになったか？をよく考えています。そう、自分自身が話す必要性を感じていないのです。

話し合う内容も分かっています。向こうの意図も分かっています。でも、私にはそれを話してよかったーと思える時間になってはいない、ということです。

その研修で相手が悩みを相談してくれたときに案を返すことはできます。けれど、短時間で相手の悩みを払拭できるようなところまで話すこともできず、「はい、ではそこまでにしましょう」と言われて中途半端に終わるのです。

「まだ話したいと思えるところで止めるといい」という手法もあります。ならなおさら、何のためにさせたのか……という疑問さえ感じてしまいます。

自分がそんな思いをもっていたからこそ、対話活動に対してははじめ、非常にハードルの高さを感じていました。それでも自分がこだわり始めたのは、「何のために」という必要性を大切にしたかったから。従来の対話のやり方だと、子どもを救えなかったと自分の過去も言っているのです。なので、さらに考えなければならないのは、**教師の対話を入れる必要性ではなく、対話を行う側、子どもにとっての対話活動の必要性**です。

子どもにとっての対話活動の必要性の土台を作る

子どもたちはとても素直で、「グループにして！」「ペアにして！」と先生が言うと、訳が分かっていなくても動こうとしてくれます。むしろ、先生が言うからしなきゃいけない、と思って動きます。だから、先生が「お話ししてね」と言うとお話も上手にしてくれます。

その短い対話時間の中で、子どもたちは自信を持ったり、かつての私のようにプライドを傷つけられたり、分からなくて焦ったり、友達の言っていること自体分からなくなったりする子もいるかもしれません。でも逆に友達と話せて、ほっとしたりもするでしょう。一つの授業の中でもいろいろなことが子どもたちの身に起こっています。

でも、その対話活動の中で「考えが深まっている」と言える子がどれだけいるでしょうか。考えつかなかった相手の考えを知った、だから深まった、ではありません。**考えの言い合いだけで終わってしまっている場合が多い**のです。それは、先生が「ペアにしてね」

って言ったから。先生の問いかけの言葉でなく、子どもの頭に残っているのは「〇〇してね」の部分。先生はちゃんと言っているのです。「△△△をペアでお話ししてね」と。でも、今から隣と話していいんだ！と思ったときに子どもはその接頭語は忘れてしまいます。

ペアを作った途端、

「で、何話すん？」

よく聞く言葉です。

そう、**子どもにとっては別に話したいと思える内容ではない**ということです。大人の私が感じていたことと同じなのです。

だからと言って、いつも子どもにとっての必要性を考えながら対話活動をさせるのは難しい、教師の必然性で話をさせる場面も必要だ、というところもあります。

だったらどうするか？

私は、**子どもたちに話したい、聞きたいと思える必要感を持たせるよう、話し合わせる前に土台を作っています。**

例えば、自力解決の時間。

「考えを書き終わったら、隣の人とお話しするよ」では、ただの言い合いになってしまいます。なので私はわざと、「えっ、みんな答えが違うんだね」と机間巡視のときに呟いてみます。

するると、問題に対して自信がある子は「え？　そんなにある？」と相手が何を書いたか気になり始めます。できなかった子は、他の人の考えが気になり、見に行きたくなります。他の考えが思いつかない子は「どうやったらたくさん答えが出てくるん？」と相手が解いた方法が気になってくるでしょう。それを狙っています。

「相手が何を考えているか、知りたい、見たい」と思わせる土台を作るということです。難しい手立てを入れなくとも、先生がある子のノートを見て「うわー、思いつかなかった！」などと呟くだけで、そのノートの考えが見たい、と思うでしょう。自分だけで考えていたことが、あるきっかけで相手を意識させる時間を作るだけでも対話活動への入りは違ってきます。

しかし、それだけでは対話活動をしてよかった！と思うわけではありません。「○○ちゃん、すげえ！」と思う子をつくるだけになっています。動く必要感は作れましたが、それだけでもう一つの課題が残ります。

そこで、次に私が意識し始めたのは**「子どもが話してよかったと思う瞬間を作る」**ことでした。

子どもが話してよかったと思う瞬間を作る

教師の意図（必然性）で話させることもたくさんあります。そのとき、何が大事かというと「言ってよかった！」と子ども自身が思う瞬間を作ることだと考えました。

私の小学生時代の話でもそうですが、〝私が話したところで意味がない〟と思わせてしまうこと、これが問題です。

誰か言ってくれるだろう、あの人の方が説明はうまい、いつものあの子がそろそろ出てくるだろう……子どもにそう、思わせたくないのです。**あなたの言葉が授業を変えた、あなたのおかげでまわりの人が分かるようになった、あなたの困ったことがみんなを解決に導いてくれたと、思ってほしい**のです。

その相手が隣の人でもグループでも、全員でも、発してくれた言葉に対して価値づけを行うようにしています。あなたが言葉を発する必要性を付け足しながら。

子どもたちも小さいながらにプライドはあります。分からない＝頭が悪い、いつもできない人だなんて思われたくないのです。「分からないときはちゃんと言ってね」と言ったところで、「分からない」なんてなかなか言いません。算数が苦手ならなおさら、です。ましてや簡単な筆算が分からない、九九を忘れたなどという、低学年での既習が曖昧だとさらに言えなくなります。

どう考えたらいいか、どこからスタートしたらいいか分からない子にとって対話活動はうってつけの場です。こっそり、友達に聞くことができるからです。「ここって、どうするんやっけ？」。それを友達に聞けただけでも授業に少し乗ることができます。「ここって、どうするんやっけ」と一言聞くだけで次に自分が少し動くことができたとき、聞いてよかったと思えます。**算数が苦手な子でも言葉を発することが悪いことではない、そんな対話活動の場を作ること**も大事だと思っています。

考えの言い合いで終わりがちなときに、「本当に自分の言いたいことが伝わったか、確認してごらん」と言っています。相手に、言わせるということです。

すると、そこで「ここで、6って出てきてたけど、これってどういうことやっけ？もっかい言って？」と曖昧だった部分が浮き彫りになります。さらに、友達の考えを発表させる、ということを行うと、あのときちゃんと聞いててよかった～と思わせることになります。対話活動中だけでなく、**授業のどこかの場面で、この「友達に聞いててよかった～」や「言ってあげてよかった～」を作ってあげられるようにしています。**

それを言ったところで、やっぱりうまく子どもたちが話してくれない……などという困りもあるでしょう。もちろん、これがすべてではないし答えでもありません。私のやり方だからです。私は今も試行錯誤中ですし、毎年子どもが変われば様子も変わります。一つのことをして、これが正解だ！などと思っていません。

しかし、その試行錯誤する中で子どもにとって必要感のある対話活動を作っていくのに、私は教師が子どもたちの対話を難しくしてしまっている要因がいくつかあるように思っています。私が改善していく上で授業を振り返り、見直していった５つのことをご紹介します。

対話を難しくしてしまっている要因①
話型

まず対話を難しくしてしまっていた要因の一つ目は、**話型を決めてしまっていたこと**でした。

よく掲示物で見られる、「話し方聞き方あいうえお」「話すときのきまり」などです。話し方を限定し、意見を言うときはこの言葉をつける、相手に問い返すときはこの言葉を使うなどと言葉を決めている様子が見られます。その方が、子どもたちが言葉に詰まったときに参考にしやすい、何を話すかを整理しながら話せるといった利点を考えているのかもしれません。私も、子どもが同じ言葉を発するので安心していました。

しかし、本当に話型は子どもたちの助けになっているのでしょうか。

私たちが日ごろ友達とお茶に行って、近況を話し合うとき。職員室で先生同士で話をしているとき。会議のとき。いろいろな場面で、人の話を聞きたいと思ったときに話型を使ったことがあったでしょうか。

子どもだから話せない？　そんなはずはありません。子どもたちこそ、マシンガンのように話す子もいれば、いつもはおとなしいのに昨日の家族との楽しいできごとをぽつりぽつりと話す子もいます。それは、**自分の話したいことだから**です。話型なんて必要ありません。会話と対話は違う、という方もいるでしょうが、会話さえできないのに型にあてはめた子どもたちが積極的に話せるはずはありません。大人もやってみるといいと思います。話型に入れて、何分話し続けられるかを。スタートの言葉を決めたらあとの言葉がすらすら出やすい……というわけでもないようです。

「私は、○○と考えます。なぜなら、△△だからです。どうですか」

この後、返す言葉は自由に生まれるでしょうか。発言の意味が分かった子は「同じです」「分かりました」などと返すことができます。深まりがあるかと言えば、相手が受け止めて終了です。では、発言の意味が分からなかった子に返せる言葉は何でしょうか。

一生懸命話した相手に話型を使って返すならば、「分かりました」です。

この「分かりました」は、内容が理解できたことを伝えるものではありません。**一生懸命話してくれたことが分かっただけで、内容はちんぷんかんぷんなまま**なのです。話型の

すべてが悪いというわけではなく、言葉を制限しているところにまず問題がある気がしています。特に、

「同じです」「いいです」

これは、聞いていても聞いてなくても返せる言葉なので、鵜呑みにできない言葉だなあと感じています。もちろん、先生からすると「同じです」と言われると、その子には当てないようにしようとか、さらに続きを言わせたい、などと考えるかもしれませんが、子どもは何に対して同じと言っているかが違っている場合があります。

式が一緒なのか、図が一緒なのか、みんなが言っているから言っているのか。**言葉を制限すると子どもが見えなくなる場面が生まれるなあ**と思っています。

ただし、低学年でお話の仕方を教える上では、有効な場面もあります。どう反応していいか分からない低学年の子どもたちには、「分かったときにはなんて伝えてあげようか？」などと話して聞いてくれる人の話し方や呟き方などを教えることはできると思います。対話を円滑に進めるために、少しずつこの話型からは外してあげるのも手だと考えます。

対話を難しくしてしまっている要因②学習形態の指示の仕方

二つ目の要因は、**学習形態の指示の仕方**です。

先生たちは、「ペアで話して」「グループで話すから机をくっつけて」などと方法を指示します。子どもたちは言われたらその通りに動くしかありません。もちろん教師には意図があります。全員で練り合う前にペアで話す練習をしてほしい、グループの中だったら言えるようになるだろう、分からない子が少人数の中なら言える雰囲気になるだろう、ここで話せば自分の考えを強化できるだろう……など。そして、その様子を見て動けていない子や困っている子の言葉を拾いに行きます。

授業の流れとしてはとてもいい……ように見えます。先生が全体を把握するためにも効果的です。しかし、考えてみてください。人数・時間・内容を制限したのは教師。子どもが自分の考えだけを言うためだけにその空間はあります。本当に子どもは２人で話したいと思うでしょうか。先生が今回は2人で、次は4人……といった人数の変化に対して、何のためにするのか説明を入れているのでしょうか。

「今から隣同士で意見を話し合ってね」

と言うのと、

「隣の友達の考えを自分でも説明できるように隣と話してごらん」

では、話す内容や返す内容が全く違ってきます。

この対話をすることでの自分のゴールは何か、何の言葉を返せばゴールにたどり着くかがはっきりするからです。友達の意見が分からないと説明できないのならば、分かるまで聞き返す必要性が生まれます。大事なのは、**先生の意図を子どもにきちんと伝えること**です。なぜ、今回は2人で話すのか？　ただ人数と時間だけの指示が多いと、子どもたちの対話活動の時間は間延びしていきます。**先生は授業に困ったらいつもペア活動だ……なんて思わせてはいけません。**

この「お隣と話してみましょう」は、大人の講演会や研修でもよくあります。思い返してみてください。「じゃあ、ここから15分はグループで」と言われて、何を話せばいいの？と思った経験はないですか？　逆に、話しやすいな、と思った経験も。

一番困るのは、司会者が、発言する人がいなくなったときに「意見が出なくなったので、じゃあ近くの人と話してみてください」と言われるときです。

司会者は話が出なくて困っているかもしれません。けれど、聞いている立場からすると困っていないし、特に話したくもありません。子どもも同じ状況です。なのに、そこに先生が「お隣と話せてないね？　何か困ってる？」と声をかけてこられても、さらに困るばかりです。

逆に話しやすいときはどんなときでしたか？

自分にとって話す必要性を与えられたときです。別に、それが２人であろうと４人であろうと自由だろうと関係ありません。

「あ、話さなきゃ」と思えると同時に、相手の思いや考えを聞かなければと思わされます。話をせざるを得ない状況に持っていかれたときです。指示の仕方、ゴールを見せてくれることで、話す時間の内容がぐっと深まることになります。

たくさんの友達の考えを聞いてほしいから４人、お隣の困りを聞いてほしいから２人で……と子どもに伝えてあげると、その形態はさらに活きることになると思います。

感情対話を難しくしてしまっている要因③

三つ目の要因は、**子どもの感情を考える**ことです。

対話をするときには、〝感情〟や〝相手に対する思い〟〝話し方の特徴〟などという、教師が授業の中で狙う部分だけではない要因が入ってきます。

人が動き始める様子は段階があるそうです。

物事が起き、感情が生まれ、思考が働き、行動に移す。

例えば、テレビでおいしそうなケーキの中継が映っていたとしましょう。おいしそう、食べたいなあという感情が生まれ、いつなら行けるかを考えます。そして、実際に店に訪れる、と行動に移すように、考える前に行ってみたい！などの感情を生み出すことが大事だと思います。

しかし、これは個人のことです。〝行く〟〝食べる〟など、主体が自分だけでできるものは比較的容易ですが、〝話す〟という行動は相手と関わるため、難易度が高いものとなります。これは、人によって性格が異なるからです。このやり方をすれば全員が話すようになるなんてものはありません。また、相手からどう見られているかなどもプラスされるためにさらに難易度が上がっていきます。

加えて算数の特質として、正誤がはっきりと表れることが挙げられるため、先生の言い方、取り上げ方はもちろん友達とのやりとりの中で自尊心が傷つけられることも、消極的になることもあります。もともと苦手で発表はおろか、取っかかりを考えることさえ難しい子もいます。

そんな多様な子どもたちを相手に問題文を示し、一人で考えさせた後、「じゃあ隣の人と話してごらん」と指示するだけで子どもが行動に移せるでしょうか。

話させたいのであれば、その前の**子どもたちの感情を大いに引き出しておく必要があります。**

「え、全然分からん……やばい、隣の人はできてるんかな？」

「書いてみたけど自信がない……これでいいんかな？　心配……」

「自信あるけど、これ考えられたのぼくだけかな？　みんなの前でいばりたい！」

ややもやさせる、これに尽きます。子どもの感情を乱していくのです。

よく使うのが「できた人？」「分かった人？」と聞くことですが、感情をストレートに**「今どんな気持ち？」**と尋ねることも一つです。

「困ってるー！」「え、ちょっと不安！」「ぼく自信ある！」

と、これは正誤を聞いているわけではないので、子どもたちもすんなり話してくれます。そして、感情のズレを見せると自然とまわりと関わる必然性が生まれてきます。

そこから「どうしたい？」と尋ねると、「え、ちょっと少しでいいから確認したい！」「〇〇君にヒントもらいたい！」などと、自分の感情を整理するための方法を話し始めていきます。そこから対話活動に持っていくと、子どもたちもすんなり話し合いに入ることができます。

子どもの感情を気にせず、「分からない人？　あ〜、これだけ分からない人がいるからみんなで話そうか」だと、分からない人が悪い、そんな構図が生まれてしまいます。

解決するのは分からない人ではなく、困った気持ち。本当は中身は一緒なのですが、感情の整理をしていくと子どもたちが次の思考を行い、動く原動力になっていくと思っています。

対話を難しくしてしまっている要因④
時間

四つ目の要因は、**時間を限定すること**です。

ここまでで話し合いなさい、考えなさいを教師が決めているところです。

「じゃあ、ここについて3分間隣と話し合ってごらん」

授業の展開の中で、先生は分かっています。このくらいの時間で大事な言葉が出るだろう、分からない人が説明を聞いて分かる時間だろうと。話し合う時間ばかり長く取れませんからね。

私は45分授業の中でこれくらいの時間で話してほしい、と大体3～5分の時間を取っていました。

しかし、子ども側はどうでしょうか。決められた時間の中で、タイマーをセットされ時間を気にしながら話す。それ自体、受け身な気がします。だとしたら、**子どもに投げかけてみてはどうでしょうか。**「何分くらいで話し合えそうか」と。

子どもたちに委ねると、ここで子どもたちが判断します。

「これ、1分くらいで言い合えるよ！」

「これ、難しいから図をかきながら話し合いたい……だから5分！」

子どもの中でこれだけを話すならここまでいける、などと解決への時間をしっかり考えることができるのです。

「先生、図が意外と複雑！　おかわりちょうだい！」などと延長を申し出てくることもあります。ここで、教師は子どもたちの言葉で難しさを見取ることができます。意識していることは、時間を決めたとしても、タイマーをセットしないことです。

例えば、体育でなわとびを1分跳ぶとき。子どもは意気揚々と跳びますが、15秒前で失敗したとします。45秒間続けて跳んだ子どもが、あと15秒あるからともう一度立ち上がってチャレンジするかというと、しない子が多いのです。

「失敗しちゃったーあと少しだったのにー」とペアの子に話して過ごすか、「まだ時間あるよ！」と声をかけても最初のときのような様子で跳ぶことはありません。それはそうです。どれだけ頑張ったとて45秒の記録を覆せるわけがないのですから。練習時間ではありません。あと15秒だったのになぁ……と振り返っていたり、跳べなかったから残念だという悔しい気持ちを友達としゃべることで紛らわせたり、過ぎればいいやとぼーっと過ごしたり。なかなか前向きにはなれない子が多いでしょう。

対話活動も同じです。**３分と言われて、自分の説明に満足した子がタイマーを見て次の人に話しかけに行くかというと、行くことはありません。**さっさと席に着き始めます。時間いっぱい教えてあげたり説明してあげたりしたらいいのに、思いやりがないなぁ……そんな問題ではないのです。時間を見て、自分の説明を始めるまでもないと思っての行動です。途中で止められることが分かっていて、わざわざ行く必要もないのですから。

なので、私は子どもの様子を見ながら〝大体〟で声をかけるようにしています。本当は3分経っていなくても、子どもたちが満足していたら実質1分でも「そろそろ3分かなー」と声をかけます。それだけで十分です。わざわざ追い込む必要はないのです。対話活動の中で、**教師がきっちり時間を決めてしまうことに意味はない**と思っています。

「時間を守る子に育てたい」

分かります！　けれど、授業の中でそれを行う必要があるのか、です。合図で行動を決めることは大事ですが、授業は問題解決の場。何分あれば友達に尋ねられるかを決めることも、その子が問題を難しく捉えていることや説明が困難だと思っている、と見取ることができます。

対話を難しくしてしまっている要因⑤ 先生が準備するもの

五つ目の要因としては、**教師が準備しすぎる教具・ヒントカード**が挙げられます。

これは、最近気が付いたことです。授業のためになんでもかんでも準備する。こんな意見が出るかもと、掲示物をひたすら準備する。

この方が子どもたちは分かりやすいと思ってくれる。以前はそんな期待を抱いていました。準備したものを、水戸黄門の最後の印籠のようにばーんと出して、「こうするんだよ」と、言っていました。だって、せっかく作ったんですから。先生心です。

しかし、あるとき子どもに言われた言葉が、

「俺らが一生懸命話して図をかいても、結局先生が最後図をかきかえたり、これ使ってよって出してきたりするやん。いいとこ取りやわ」

でした。素直な考えです。

正解は、先生だと言っているようなものです。出し方も、水戸黄門のようでしたからね。子どもが一生懸命考えて話した時間の最後に、そういえば、自分が夜なべして作ったから、教科書の図が見やすいから、説明しにくいだろうからと、おせっかいにもこちらから提示し続けていました。

「こういう図が欲しい」なんて言われていません。

いや、テストでこんな図が出るから見せておいた方がいい……などというのは大人の都合であって、子どもが目の前の問題を解くときには必要がない、他の図の方が分かりやすいのならばとことんそれに付き合うのも悪くありません。

知識として、**こんな図のかき方があるということは、別の時間に教えることは一つの手**です。選ぶのは子どもたちです。学習の仕方にこれしか駄目、はありません。

保護者は子どもが算数を苦手としていたとき、そろばんに通う、塾に通う、公文に行く、チャレンジタッチをする、本屋さんで問題集を買う、家族に聞く……たくさん選んでいるのに、先生が教えるときには絶対この図だけで！でなくてもいいのかなあ、と。

一緒に洗練させていったり、一緒に困っている子に対してヒントを作ってあげたり。**困っている子が少しでも一人で考えられる場面を作れるよう、みんなで作っていくのもいい**

と思います。作るのがダメなのではありません。何かを準備したとしても出す場所、タイミングを考えて、出さなくてもいいと思える場面があったとき、出さないという方法をとることも一つ、だということです。

今、5つの要因になるものを述べましたが、すべてが悪いわけではありません。むしろ、シゲマツはずっとしていたことですね。けれど、うまくいかなくなったときに、**これまで当たり前だと思ってしていたことを見直してみる**ことも大事だと思います。

同じことをしているはずなのに、この先生ではうまくいくけど、私だとうまくいかない……私もそんな光景を何度も見てきました。キャラクターも、やり方も、雰囲気も、学級経営のやり方も、先生たちは一人ひとり違います。方法をすべてまねしたところで、子どもが同じように動くわけではありません。また、子どもたちもクラスによって異なります。この方法がベスト！なんてものは存在しません。5つの要因を変えなくてもうまくいくこともあるでしょう。

そこで次章からは、私が楽しい学びの空間にするために、対話活動を変えていった道のりについて少し述べさせていただきます。

第2章

「フリー対話」で授業改善

大嫌いだった算数……

算数を研究して、いろいろな研究会に顔を出すと、子どもの頃から算数好きだったのでしょう、とよく言われます。

全くそんなことはありません。むしろ**大嫌い**でした。得意教科は国語、なぜなら今しゃべっているから、くらいの感じで教科に好きも嫌いもありませんでした。ただ45分過ぎればいい！……とだけ思っていました。親が小学校の先生だったからと、1年生のときから夢は小学校の先生になることでしたが、この学力。親はそれを心配し、小学校のときにはそろばん・公文・塾と習い事をさせてくれました（とりあえず全部すれば、なんとかなる！と考えてくれたのでしょう）。

学校から帰っても算数祭り。お金をかけてもらって、算数が得意になったかというと……いつも50点取れるか取れないかの瀬戸際。こんな小学校時代だったため、手を挙げて発表していた記憶もありません。

今では考えられないくらい、消極的な子どもでした。〝勉強ができる友達〟〝足が速い友達〟〝サッカー頑張っている人〟〝バレエ習っている人〟〝野球をしている人〟〝いつも授業中挙手している人〟〝字がうまい人〟〝絵がうまい人〟……。こんな人たちがすごい人で、自分は何も取り柄がない人だとさえ思っていました。なんてマイナス思考……と思うかもしれませんが、小学校で自分に自信が持てている人ってそんなにいない気がします。

今の自分のクラスでも、自分の長所を書くときに悩む子どもが多いように、自分のいいところって言われると難しいものなのです。謙虚だから、ではなく**そこがいいところだよって認めてもらってない**から、です。他人に言われた言葉はいい言葉も悪い言葉もしっかり残ります。子どものときに言われた、嫌な言葉。今もずっと覚えています。

友達と話しているときに、

「塾に行ってるのに、こんなん（こんなこと）も分からんの？」

この言葉は、当時の私を黙らせるのに十分な言葉でした。悪気があって言ったわけではない、分かっていますが、塾に行っていても分からんってことは、私って頭悪いんや……っと。他の人にもそう見えていると確信すると、自信なんてものは急になくなりました。

けれど、授業中。特に発表したわけでもないのに、急に先生から、

「重松さんのノートにかいていた図がよくってね！　みんなの前でかいてくれない？」

と言ってくれた言葉。

え、見てくれてたん！　あの、頭いい人じゃなくて、私でいいの？　発表してないのに、見てくれてたの？

単純に認められたのが嬉しくて、にやにやしたあの日。教室にお日様が入る様子も、みんながびっくりして私を見ていた様子も鮮明に覚えています。自分が座っていた席さえも。そのときの先生が神様に見えたことも。何十年経っても、覚えています。他のことは覚えていないくせに。

その後発表がうまくいったかも覚えていませんが、**私を認めてくれた、見ててくれたんだ、嬉しい！と思ったことは強烈に印象に残っている**のです。

そう、こういう自分の自尊心が傷つけられたり、高められたりする教科が私の中では特に算数でした。成績が良くなかったため、褒められる・認められるという経験が授業の中であまりないため、嫌いになっていく一方。じゃあ授業じゃなければいいかというと、そうでもありません。

算数で苦しめられたのはまずは公式。「覚えたら全部できるから、楽だよ！」なんて友達にアドバイスをもらいましたが、それが一番難しかった！

公式、多すぎんか？　なんで形がいろいろあるんだ、平行四辺形なんて日常見たことない。こんな面積を知る必要があるか？　といつも文句を言いながら覚えていました。

速さの公式も、仮面ライダーのように覚えたらいいよ、「は・じ・き」でね、なーんて言われましたが、私の頭に残っているのは、は・じ・きの言葉ではなく、あの仮面ライダーのような形。どれがどうするんだっけ……かけるんだっけ、割るんだっけ？　と、公式でしか覚えていなかったのでそれが頭から飛べば、ぜーんぶ解けなくなるのです。

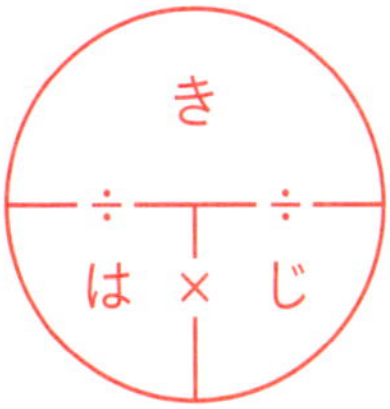

だから、覚えられるはずもなく、トイレや私の部屋にはチラシの裏に書かれた公式がびっしり貼られていました。暗記作戦です。けれど、しばらくすると違う公式がやってくるのです。一生公式に苦しめられる、と感じて嫌悪感しかありませんでした。公式のよさを感じていないまま公式がやってくるので、算数を「暗記の教科」だと思っていたのです。

次に嫌だったのが、単位の換算。どの単位がどれを示すのか、１㎥が１００００００㎤だなんて、ゼロをいくつ並べなきゃいけない？　大体１０００って書けば合ってるはずなのに！　と悩まされました。水を体積で表すのにも嫌悪感しかなく、先生がテストで100点を取らせないために作った問題だとさえ思っていました。

次に（まだありますよ）文章問題。

「文章問題が苦手な人は、分かるところ・尋ねられているところに線を引っぱりましょう」と言われましたが、文章を読んで分かることって、私にとってはその「分からない」ところが分からないのです。

余計な文章があるよ、なんて先生は教えてくれましたが、余計な文章がどれか分からないので全部が目に入ってくるのです。「数字にまるをするといい」なんてことも教えてもらいましたが、数字たくさん書いてるんやけどどうするん？　これをどうするん！　この数字全部使っていいん？と、文章も嫌いになっていきました。

さらに、何算を使うかが運命の分け目。4択なのですから。当たったときはラッキーですが、当たらなかったら（2）、（3）と問題が続く場合、ぜーんぶ×です。

最後に苦手だったのが、前に述べた対話活動。隣の人と話したって、分かるわけない！プライドを傷つけられる、嫌な時間とさえ思っていました。

そろばんを習わせてもらっていたので、計算だけは得意でした。が……筆算などではな

く、暗算（エアそろばんを使って、指を机上で動かす）で解いていたため、筆算を書くのが面倒で苦手。なのに、

「計算のあとが分かるように、筆算を書きなさい！」と……。

中学は赤点ぎりぎりで、いつも居残り。塾は追加され、トイレに貼る公式も増えていきました。憧れの高校に入ったものの、自分の学力以上のところだったのでついていくのが大変。ついに数学は30点行かず、いろいろな塾の模試で志望大学はD判定ばかり。特に足を引っ張ってくる数学に嫌気がさしていました。

なので、私も算数・数学ができない子どもの気持ちは本当によく分かります。そんな消極的すぎた（書いて思いましたが、結構マイナス思考ですね）自分は、どこで変わったのでしょう。

三回の転機

一回目の転機は高校3年の夏。

「数学、面白い先生の授業があるよ！　受けてみない？」

とある先生の授業のビデオを薦められました。大手の塾のビデオです。

受験数学に面白いもくそもない……と思っていましたが、もうあとがない自分は藁にもすがる思いでそのビデオを見ました。何年経っても忘れもしない、私の苦手な関数のグラフの上を動点Pが動き、3つの点を結んだ三角形の面積を求める授業でした。

Pはなんでいつも勝手に動くんか！　面積作って誰の得になるんか！　止まれ！と思っていた自分でしたが、その一つの授業は目から鱗でした。


すっごい分かりやすい……え、面白いやん！と。

終わった後、面白すぎてその先生のビデオを漁って夏休み中ずっと見ていました。数学って、こう考えたら面白いのか……と思うと今までの勉強の仕方がバカらしくなりました。そこから、見違えるように点数が伸びていき、センター試験（共通テスト）では、数学Ⅰ／A、数学Ⅱ／Bの両方でなんと満点を取り、志望する大学に入ることができたのです。

その大学は専攻が選べたので、選んだのはもちろん数学。あんなに算数嫌いだったのに……と親が言うくらい、驚くことでした。嫌いなものを面白いと思えるようになると、点数にも直結することが分かったのです。

二回目は、実習のとき。小学校の先生になりたい、という夢が変わっていなかった自分は小学校実習で算数の授業をする機会をもらえました。算数の授業には自信がありました。3年間ずっと大学で算数・数学教育を勉強してきたし、数学の免許をとるくらい、数学にはまっていました。指導案も何度も書き直しもしました。模擬授業もたくさん行って、黒板に貼るものもたくさん準備し、授業の流れも覚えました。指導要領で確認したからゴールは見えてる！と。

しかし結果は惨敗。参観していた先生に言われた一言が、

「算数が好きなのに、どうして伝えられないの？　教えるだけが算数じゃない」

でした。頭をがつんとやられたような気がしました。

子どもたちに書いてもらった感想には、

「先生が頑張っていた」「先生、お疲れさまでした」「先生の言いたいことは分かった」

自信を持って挑んだ授業の結果がこれです。

授業はこうやって創る、教えてもらったようにやったはずなのに。指導案も、これで行こうと言ってくれた。何が悪かった？

そう思ったとき、隣のクラスの松浦武人先生の授業を見せていただきました。

そこには、算数をいきいきとする子どもたちの姿が。私は自分の指導案のレールに子どもを乗せようと一生懸命でしたが、**子どもたちと過ごすその時間を楽しんでいる先生**がいました。いつかこんな先生になりたい、と思った瞬間でした。

三回目は教員になってからです。

めあて、振り返りなど、どの授業でも同じパターン。まとめを聞けば、答えが出てくる

授業の繰り返しで日々悩んでいました。授業を楽しくしたい、けれど方法が分かりませんでした。教材を楽しくして盛り上げることはできるけれど、最後は消沈してしまう……。まとめになるとノートを書き始めるような子どもたちにしてしまい、どうしたらいいか分かりませんでした。

そんなとき、東京の筑波大学附属小学校の授業を見に行かないかと誘ってくださった先生がいました。

授業を見るために、お金を払って東京に行く。その感覚が全くありませんでした。遊びでも、出張でもなく。スカイツリーも見ることができるわけでもありません。授業一つ見るのに、５万円？　自分の県でも十分先生方頑張っているし、授業も見ている。だからそんな大金払って行ってもなぁ……という気持ちがありました。

けれど、その誘ってくれた先生が初めて見たという算数の授業の話をしてくださったとき、そんな授業があるんだ！　すごい！と素直に思いました。

話は確かにすごいけれど、本当にそんなふうに子どもが動くのか？　実際に見たことがないからうまく端折っているのでは……と(腹黒いですね)。けれど、毎日の授業が楽しくないのに学校に来てくれる子どもに申し訳ないか……一回勉強しに行ってみるか、と見に行くことにしました。

そこで初めて見たのが、田中博史先生の授業でした。

子どもたちはいきいきと話すだけでなく、**分からない、できないことを怖がっていません**でした。

広い講堂にあんなに知らない大人がいたのに、まるでまわりは関係ないかのように子どもたち同士で話し合い、あの空間のみんなが温かい雰囲気で授業が進んでいる様子に驚いたのを覚えています。

そして、**指導案と離れていくのに、最後のゴールが一緒になる授業**のやり方。あの子どもたちは仕込まれているのか？とさえ思ったほど。子どもの言葉や困りで授業の展開を変え、学んでほしい部分にはちゃんと行き着く。最後まで笑顔で、授業が終わっても先生にノートを見せて自分の考えを話していた子がいました。

授業終了5分前から窓の外を見て休み時間を待っている私の子どもたちとの違いに驚きました。**こんな授業がしたい、算数で子どもを笑顔にしたい**、心からそう思わせられた瞬間でした。

３人の先生から学んだこと

私の転機となる３人の先生に共通していたのは、**「人をとても大事にしている」**ということです。

もちろん、算数・数学の知識や教える技術があるのは言うまでもありません。しかし、塾の先生もビデオで一方的にしか知らない私が「先生のおかげで数学が好きになり、志望大学に受かりました」と手紙を送ると、丁寧にお返事を返してくださいました。２人の先生においては、それぞれ遠い地にもかかわらず、またご多忙にもかかわらずいつも気にしてくださり、話を聞いてくださいました。大勢のうちの一教員なはずなのに、それを感じさせないくらい一人ひとりを大切にしてくださっていました。

思い返すと、私が小学校時代ににやにやしたあの瞬間。

先生が、埋もれていた私の図を認めてくれたとき。手も挙げていなかった私のノートを見てくれたと私が知ったとき。図がよくかけたから嬉しかっただけじゃない、先生が私なんかでも見てくれたと思ったこと……。

きっと、やんちゃな私でしたから、その先生にもたくさん怒られたし、くそー！と思ったこともあったのでしょうが、何十年経っても覚えているのは、あの先生は私を認めてくれたということ。怒られたとかむかついたとか、友達とけんかしたとか何も残っていません。なのに、あの一瞬の光景は今も自分の思い出として残っているのです。

そうか、授業以前に**子どもを大事にするところからもう一度始めよう**と、そう考えていきました。

そのために、まずは子どもたちと話そう。

あなたを大切に思っているということをちゃんと伝えて、子どもの思いを聞くこと。子どもに寄り添う授業をしていくと、欲が出てくるものでどんな子どもも話せるようにしてあげたいと思うようになりました。

クラスの子どもと本音で話す機会を持ちました。授業についての不満は何か？と。

はじめは本音を言わなかった子どもたちが徐々に話すようになったのですが、そのときに感じたのが、**私が小学校時代に嫌だと思っていたことを子どもたちにやらせてしまっていた**ということです。

「ペアが嫌だ」「グループで司会を立てられると言いたくなくなる」「なんて言葉を返したらいいか分かんない」「頭のいい人がしゃべったら、あとからしゃべりにくい」「みんなの前で間違えるのが恥ずかしい」「間違ったら分かる、先生が全力でフォローしてくるけん」「授業が面白くない」……。

それ、私が全部小学校のときに思ってたことじゃん。

授業をうまくやろう、ねらいにたどり着くにはきっとあの子が言ってくれるだろう、そんなふうに私の都合のいいようにして子どもたちの思いを聞いてあげられてなかった……と反省させられました。

けれど、改善する方法が分からないのです。そのとき、

「先生、自由に話していいことにしてくれない？」

と言われました。

「きっと駄目って言うよ、先生」「授業じゃなくなっちゃうかもよ？」

子どもたちが口々に言っていたので、

「みんなは自由がいいの？」と尋ねると、

「うん、聞きたい人いっぱいいるし、ノートも見に行きたい」

「分からなくなったとき、すぐ聞きたい。意味分からんときがあるもん」

と……。子どもの発言の中に〝学びたい〟という意欲が見えたので、子どもたちと対話の時間のやり方を考え、私も授業改善を始めたのです。

たった一つの授業と先生との出会いで、自分は今まで変わってきました。

たかが45分、されど45分。

子どもたちにこの時間を面白いと思ってほしい。面白くなかったものが覆る瞬間は自分が一番体感してきています。

大体何が正解かなんてやり方はないのだから、**私が楽しいと思える学級や算数の授業を子どもと創ろう**と決めました。

授業改善

授業改善と言われても、自分はこれがいい！と思って授業をしてきたわけですから、一人では改善のしようがありません。なので、いろいろな先生の授業を見るところから始めました。

声かけの仕方、子どもを見取る様子、子どもの反応……。一つの授業でも勉強になるところはたくさんありました。例えば、子どもが前に出て発表しているとき、私は発表しているその子に注目してしまう癖がありました。何を言ってくる？　黒板をうまく使って！などと、教師としての気持ちが先行してしまっていたからかもしれません。発表している子どもも、先生は目をこっちに向けているから、たとえ間違えても先生がフォローしてくれると思っています。だから、誰に向かってしゃべっているかというと……私に、でした。

今、私がどうしているかというと、発表している子だけを見るということをやめています。主に**聞いている方を向いている**のです。どういう顔で聞いているのか、分かっていないのかを見取るためです。そんな細かい目線一つとっても、一人では改善のしようがない部分でした。

そして、よくしていたのが教師から出したくないから、とノートに図をかいている子を探し、「ペアで考えを話し合ってごらん。いい図があったらまねしてノートにかいていいよ」ということ。ペアのときにノートにかいていてほしい、黒板に上手にかける子を探したい……なんて思っていましたが、そんな必要がないことも知りました。**まだ分かっていないなあと思っている子に説明するとき、必ず図が出てくる**からです。

他人にある場所を説明するとしましょう。「○を右にまがって、△が見えたらその近くだよ」と。これで分からないとき、大体の人は「紙とペンある?」と言ってくれるでしょう。またはスマホの地図アプリを見せてくれるはずです。人に分かってもらいたいとき、必ず具体物を出して分かりやすいようにしてくれます。

授業もそれと同じでいいのです。言葉だけで分からないなら、**分かる段階まで方法を探せばいい。**みんなの前で図を出させるためにペアで対話をさせたりなんて、先生の思うように子どもを動かしているだけなのですから。

このように、授業を見せてもらい自分と違うところを分析することで、それぞれの意図が見えるようになり、自分も手法を選ぶことができるようになります。なので、私は**授業参観からスタート**しました。そして、次に取り掛かったのが苦手だった対話活動でした。

対話活動の改善

コース料理を友達と食べているとき。

一つひとつの料理に対して、「うわーきれいに切ってるねぇー」「このソース何？」「めっちゃおいしい」「盛り付け方がきれい」など、いろんな面を見て話しています。友達と行っていたらなおさら、「こんなんどうやって作るんやろ？」など言い合いながら楽しみます。これは、特に目的もない会話の状態です。

しかし、シェフに「魚料理について3分間話し合ってください」なんて言われたらどうでしょう。別に、話したくないのに話せと言われることほど難しいものはありません。しかも時間で区切られています。なぜ対話にすると、こんなにも難しくなるのでしょうか。

「ね、この魚何？　おいしいんだけど！」

「白身だから、うーん」「いや、鰆じゃない？　今季節だし」

この魚は何か、**ゴールがあるとそのゴールに対していろいろな意見が出てきます。**これが対話になっていくと思っています。

友達と話すときは語り合える部分を探りながら話して、核心に近づけている気がします。何気ない会話だけど、です。自分に語りたくなる必要感があるのです。対話をする前に、子どもたち同士でちゃんと話ができる状況にさせてあげられてなかったと反省しました。そして、実はこの話は子どもに言われたことなのです。

先生の授業は、順番に何が出てくるか分かっているコース料理のようだ、と（さすが高学年。言い回しが的確です……）。


こういうときはペアをしなければならない、ここで対話をさせて確認させなければならない……そんな気持ちで対話活動を行っていました。

なので、子どもの必要感を感じながら対話活動をさせたことはありませんでした。対話活動をしたらいい、こんな効果がある……そういう対話をさせていました。

しかし、子どもが話したくなるときは子どもにしか分かりません。そこで、話したくなる場を考えながら授業を創り、子どもたちの言葉に乗ったらどうなるのか、**自由に話したらどうなるのかを一緒に考えてみよう**と思ったのです。

子どもの変化

子どもたちに「前に言っていた、自由に話すってことを一緒に授業でやってみない？ルールは１つだけ。**自分が分かるまで食らいつくこと。**自分が45分使って勉強していて、分からないまま終わるのはもったいない。友達を頼ってでも、先生を頼ってでも、黒板使ってでも自分が分かるために話をしてみよう」と投げかけました。

子どもたちの顔が一気に明るくなったのを覚えています。

「先生、**『フリー』って名前にしよう。**ぼくたちから、フリーしたいって言うから」

そうか、子どもから言ってくるのか……とお互いに授業を創っていく準備をしていきました。

算数の授業で自由な対話の時間（フリー）を始めてみました。すると、子どもたちの方から「先生、フリー最高だね」という言葉が出てくるようになったのです。授業がぐちゃぐちゃになるかというと、そうでもありません。ここでびっくりしたのが、立場が逆転していったことです。**〝分からない子〟が主役になっていきました。**

「○○ちゃんが、問題文の意味が分からんって言いよってさー、説明できる人おる？　私じゃ駄目やったわー！」

「俺行く、俺行く！　俺、図かいてやる！」と、黒板を使って図をかき始めました。すると、「ごめん、それもよく分からんのやけど……」との返事。

「△△、その図じゃなくってこうかいた方が分かりやすいって」

と見ていた子が図を洗練させていきます。

「あ、そういうこと？　分かった分かった！　だったら……」

と、分からない子が自分にとって分かる説明ができる人を選んで聞くようになりました。

塾に行っているはずの子は図がかけず、理論だけで説明しようとしていたのを友達がすかさず助けに行くのです。

いつも分からず、ペアで活動してもうつむいたままの子が、自分から分かろうとしにいく姿を見るようになりました。そして、ノートを持っていき、いいと思った図を写し始めました。その図の上に「◇◇の図　めっちゃ分かりやすい　こう考えるといい」と書いてありました。さらに、席に戻ったその子に「ちゃんと分かった？　ぼくに説明してみて」と隣の子が言い始めたのです。

子どもに任せるって、こういうことかと感じた瞬間でした。**子ども同士でつながっているし、視点を設けなくても動けるんだ**と。

そこで、すかさず価値づけました。

「分かったことを確認するために、ペアに話しかけてたよ。いい方法だね」

すると、全体の中の対話にも変化が生まれていきました。「みんな、ここまで分かる？　分かる？」と、全体の中でもみんなに確認するようになりました。

「どうですか？」とかではなく、友達に分かってほしい、そんな思いが伝わる時間が増えました。分からない！と言ったときには、「うわー誰か！　いい図かける人いなーい？」と言ったり、「じゃあ、今までの勉強でここまでやったやん？　ここまでいい？」と説明したりする人が増え、**分からない！と言うことが恥ずかしいものではなくなっていきました。**

フリーに使う時間も子どもたちに考えさせました。「大体どのくらいあれば話せる？」「５ふーん！」などと言って、フリー対話の時間を子どもが運営していきました。

こうして、**子ども主体の対話活動が少しずつできるようになっていった**のです。

仕組む対話とフリー対話

私は、子どもと授業を創っていく上で、対話の種類を大きく2つに分けて考えています。**仕組む対話は、教師が必然性を持って行う対話。**子どもにゴールをしっかり持たせたいときなど、先生方がされていることです。

もう一つは前述した、子どもたちが呼ぶ、フリータイム、**フリー対話**です。

何も目的がないなんて！というわけではなく、子どもたちの中に**必要感があって行う対話**です。自由に話させることは悪、ではありませんが、私は以前までよく思っていませんでした。仲がいい人と遊ぶ時間にさせてしまう、どうせふざけ始めて授業の収拾がつかなくなる……と。

しかし、このフリータイム。子どもにとっては、とてもよかったようなのです。

主に感じた大きな効果は3つです。

・困っているときに「分からない、困っている」と言えるようになった

「分からないって言うの、恥ずかしくないの？」と聞くと、「分からんって言わないと助けてくれないやん。黙ってたって気付いてもらえんし。私が『それなら分かる』って言ったときのみんなの嬉しそうな顔がさぁ」と……。

算数の授業で子どもたちのつながりがさらに深まり、学級の子どもたちの仲もよくなっていったように感じています。

・子どもが今分かっていないところを教師が把握できるようになった

一人ひとり、今どこでつまずいているかを見取ることはとても難しいです。子どもの中には、聞いていなくてどうすればいいか困った子もいるでしょう。

「5時間目、理科室にタブレットを持っていくよ」

この言葉だけでも、

「え、先生5時間目何か持っていくん？」

と、慌てて聞いてくる子もいます。言葉に出したからと言って全員がきちんと聞いているわけではないのです。

では、黒板に書いたら伝わるかというと、そんなこともありません。問題文を書いて見通しを持たせた、だからみんな動き出せる……わけがないのです。

授業中、子どもが「フリーが欲しい」と言ってくるときには、いろいろな困りが含まれていることが分かりました。

問題の意味が分からなくて、ちょっと尋ねたい子。

見通しを黒板に出されたけど、結局どうしたらいいか見当もつかない子。

先生が今何を言ったのか知りたい子……。

そんな子どもがいる中で、誰かがぽーんと言った言葉に飛びついて、

「○○だけについて話しましょう」

では、難しかったのです。

このフリーのおかげで、子どもたちから、

「先生、Aちゃんがここ分からんって！　もう少し話した方がよくない？」

「切って考えた方がいいって言ってるけど、切ることがなんでか、分からんみたい」

と、フリーで友達から聞いたことを話してくれます。そこでやっと、子どもたちの本当に分かっていない場所を理解することができるのです。

子どもが気軽に〝考えるために友達に聞く〟などという時間も必要なのだなぁと感じました。

・子どもの表現が増えた

私はいつも、何人かを黒板の前に出し、発表させてみんなに考えを広げて分かってもらおうとしていました。でも、聞いている側は分からなくても全体の前で一回一回止めることはできません。むしろ全体の話を聞いていない子もいます。

けれど、そばで友達が話したり、図を使って説明したりしていると自然とノートに書いているようなのです。友達の言葉を付け加えながら。ノートは自分の考えを書くもの、人の考えや先生の黒板を写すもの、だけではなく、メモ代わりでもいいのです。吹き出しを自分から書いたり、聞いた図が面倒くさいと思えば自分なりにアレンジしたり、続きを書いたり。人前で話すのをただ黙って聞くよりも、一人ひとりの表現の仕方が増えたように思います。

いつも私（教師）一人が頑張らなければならないと思っていました。正解にたどり着かせてあげたい、分かってほしい、と。教材研究も頑張って、授業の流れも考える。この考えを出すために、順番にここから出して……あの子から当てて……と、細かく考えていました。

けれど、子どもたちと授業を創るようになってから少し考えが変わった気がします。失敗も数えきれないほどしてきましたが、出会った子どもたちにたくさん教えてもらいました。また、いつもフリーを設けているわけでもありません。タイミングや子どもたちを見ています。必ずここで入れます！なんてことはありません。

そこで、次章以降では対話活動を入れたいくつかの実践をご紹介します。

第3章

子どもはどの場面で対話をしたくなるのか

対談 田中博史×重松優子

本章は、重松先生の授業動画を見ながら、田中博史先生と重松先生が対談しています。そこでまずは、重松先生の授業の内容を紹介します（色がついている発言は重松先生です）。

実践 6年：割合

何分で温泉がいっぱいになるか考えよう

6年生の最後の方に教科書に位置づいていた単元です。全体量が分からない場合には全体を1とみて割合を使って解決するような、いわゆる仕事算の内容の実践です。ここの学習では割合の見方をすることが目的ではありますが、「例えば、全体の量を○とみて」と、仮定して考えることもできます。割合で表すことが難しい子でも、何か取っかかりが見えたら解決に向かうことができそうな問題です。

本実践は別府市の子どもたちのクラスなので、教科書の水槽を温泉に変更して提示しました。そこには、水槽よりも1の大きさがいろいろな大きさで考えやすいかもしれないなぁというねらいもありました。問題文は次の通り。

「ある温泉をいっぱいにするのに、赤のじゃ口だけ使うと10分かかり、青のじゃ口だけを使うと15分かかる。両方を一緒に使うと、何分でいっぱいになる？」

しかし、この文章。大人だとさっと読めてしまうかもしれませんが、子どもにとってはイメージしにくいかもしれないなぁ……と思いました。文章をイメージ化できるようにするには絵をかかせるべきか、お互いに言い合うべきか？などと悩みました。そこで、私は全員の動く様子が見たかったのでジェスチャーで問題を表してもらうことにしました。

はじめはどちらかの手からお湯が出ているジェスチャーを行い、その後両手からお湯が出ているような様子をする子どもたちを見て、「両方を使って入れる」が分かっていることを確認したので進めることにしました。

「見通しが立てられた人？　困ってる人？」

と尋ねると、やはり困っている人が多数手を挙げていました。ここで、何に困っているのかを出させる必要があります。

「何に困っていると思う？」

「どうすればいいのか分からない」

「ジェスチャーはできるけど、両方を一気に使うと10分と15分で違うから、何分かかるかが分かんない」

「何算使えばいいか分かんない。だって、元が分からんけん」

困っている人は何に困っていると思うかの予想を尋ねたのに、一人が言い始めると自分の困りを言い始めてくれるのが嬉しいですね。困りを出させていくうちに、子どもたちの中で「元の温泉の量」が分からないことが困っている、ということが分かりました。

けれど、なかには見通しが持てた！と言う子もいます。あくまで見通しで、本当に分かっているかは不明ですが、考える取っかかりは持てています。それは、全く分からない子にとっては解決の光になることがあります。そこが、子どもたちが「お互いに聞きたい」と思う場所だと判断し、自分で解決するためにどうしたいかを尋ねました。

「方法を選んでもらおうかな。自分で考えたい人は手を挙げて。自分で考えたい人？……友達と話しながらやってみたいという人？」

ここも、今からの自分の行動を決定するのに私がよく使う言葉です。一人でやろうと思っていた子が、途中から友達に聞きに行くことも、友達と話していたのに最後ずっと一人で解決しようとする子も見られます。けれど、今の段階で自分が一人で解決に向かえそうだと思っているのか、など様子を知ることができます。

子どもたちが3分で考えたい、というので3分あげてみました。……が、子どもたちから「おかわり！」が入ったので少し延長して様子を見ていました。

ある班では「結局、赤と青ってどっちがいっぱい入るの？　時間で言われても分からん」という話が起こっていました。そうですよね！　その条件は、10分でいっぱいになる赤と15分でいっぱいになる青だけ。量は言っていません。子どもたちは、元が分からない以前に入る量も分からないと友達同士で話していたのです。

そこで、一つずつ子どもたちと考える取っかかりを探せるように、ここからスタートしようと考えました。

「そこは何の話をしていたの？」

「どっちの方が多くたまるかという話をしていました」

「なんで？」

「同じ温泉のたまる時間が違うから、どっちの方が多くたまるかなということ」

「じゃあ聞くよ。赤と青だったら、どっちの方が多くたまっているの？　量が分からないものね」と問いました。

「赤」

「なんで赤の方が多いの？」

するると、子どもが黒板に図をかきました。それは、液量図。10等分されているものと、15等分されているものです。

「こっちやったら、これだけがたまるやん。このラインな」

と、$\frac{1}{10}$を指さしました。

「これを15等分したうちの1個やったら、このぐらいしかたまらんわけよ」

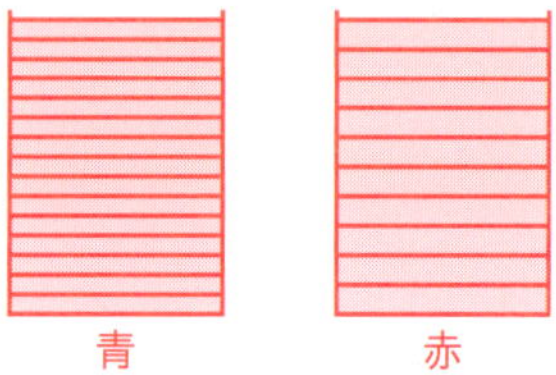

「いっぱいたまる方が早くたまる」

「Hさんがかいた図だったら、右側の赤い蛇口の方が目盛り1つの、目盛り分が大きいから、ということはその分、水が多くたまっているということだから」

「それが15個あるから、10個の方が確実に早い！」

子どもたちの図や発言で、たまり方の様子が伝わったようだったので確認をしていきました。

「赤の方がたくさん入ることは分かったよ。量は分かったよ。でも、結局、元が分からないんじゃん」と、最初から解決したいものに戻していきました。すると、「赤の蛇口と青の蛇口の10分と15分の公倍数である30や」

「30や60をまず作る！」

公倍数で考えていた子どもたちが口々に言い始めました。けれど、そこが見えていない子にとっては唐突すぎる数です。

「なんで30と60なんだ？」

子どもたちがざわつき始めます。

「すべてが分からない」

「元が分からなかったら、作ればいいじゃんという話。銭湯があるとしたら、この全体の数をもう何でもいいけど、公倍数の方が計算しやすいから、入る数をまず30リットルにするんですよ。30リットルだったら、15分かかるやん」

「え？　どういうこと？」

「30リットルを全部入れるのに、赤だけだと10分かかるやん」

「なんでそれが分かるの？」

「この赤で1分だったら何リットル入れられるか。赤は1分で3リットル入れられるっていうことが分かるやん。そしたら、青は30リットルを15分で入れられるやん。そしたら、1分だったら2リットルやん。だけん、この蛇口赤と青で1分に入れられる数は3リットルと2リットルのわけやん」

「だから赤の方が多いんや」

「赤の方が多いのは分かるんやけど、2つが合わさったら1分で何リットル入れられるかということ?」

「書いてある!」

「5リットル入れられるやん。30リットルの中に5リットルが何回入るのかと言うと……?」

「あ、なるほど」

「そういうこと!」

と、子どもたちが30を使うのは、計算しやすいように元の数を作ったということが分かったようです。けれど、やはり全員がこの言葉で理解するのはなかなか難しいので、一度押さえていきます。

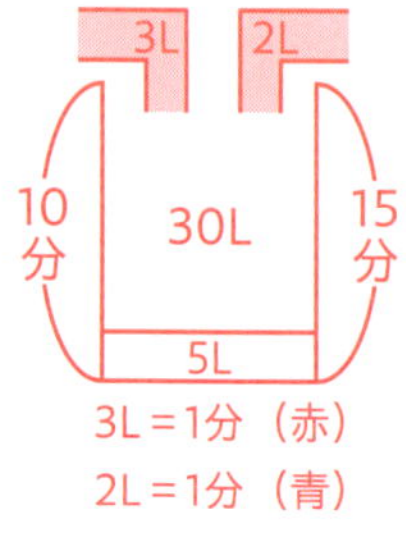

「そうか、計算しやすいために何の数を使ったって言ってた?」

「公倍数！」

「最小公倍数！……あ、最小じゃなくてもいいんか」

「え、最小じゃなくてもいいの？」

最小公倍数と言っていた子どもが自分の頭の中で「最小公倍数でなくてもよい」と考えたのでしょうが、30だけで考えている子がなぜ最小でなくてもいいのかは分かっていません。

すると、「こっち（赤）が60なら、こっち（青）も60やろ？　そしたら、60÷15で青は４リットル。60÷10で赤は６リットル。そうすると、結局一緒に出すと10リットルやん？　そしたら60÷10で６分になるけん、答えは変わらんけん、別にいい」

「全部２倍になる！」

「なるほど。そしたら、最小に限った話じゃないってことだね」

すると、ある一人の子が「公倍数もやったらいいけど……。これさ、勝手に全体を何かと仮定しとんやろ？　そうしたらもう何かで仮定してるんなら、１と仮定する。そうしたら赤の場合は１÷10で、１分間に$\frac{1}{10}$入っているわけやん。そうしたら青は１分間に$\frac{1}{15}$入っとるわけやろ。そうしたら$\frac{1}{10}$と$\frac{1}{15}$をたして、$\frac{5}{30}$になるやん。30が５で割れるけん、$\frac{1}{6}$やろ。これ、内容量というか、全体が分からんけん、勝手にここを1としよるけど、結果何か……消してしまって、これひっくり返してもいいけど、そうしたら6になるやん。そしたら、もう全部で6やん」と、全体を1とみる見方を話し始めました。

「すごい、分かりやすい！」

「何言っているのか、分からん！」

確かに急に現れた1とそれぞれの量を分数で見る見方は唐突です。

「これをさらに解説すると、まず赤やったら、10分かかるということやけん、まず1分に$\frac{1}{10}$だけ入るやん。これは分かる？」

と自分の伝えたいことを少しずつ説明し始めました。

「もっかい、もっかい！」

「図をかいて、図！」

と聞いている子どもたちが言い始めます。

「これが赤やとしたら、これ10分かかるということは、これを10等分したうちの1個入る、1分で。じゃあこれは、これは1分で

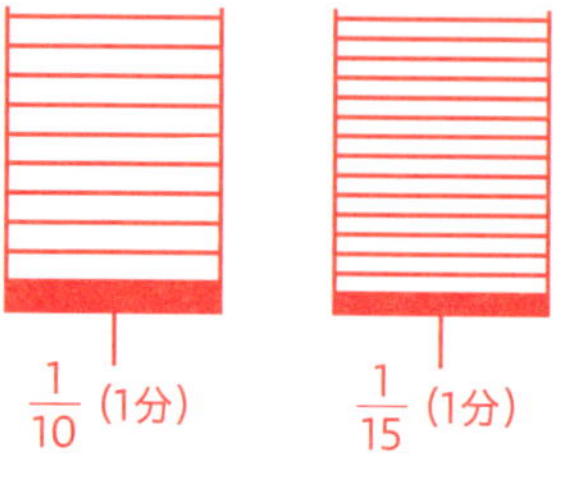

$$1 \div 10 = \frac{1}{10}$$

$$1 \div 15 = \frac{1}{15}$$

$$\frac{1}{10} + \frac{1}{15} = \frac{3}{30} + \frac{2}{30} = \frac{5}{30} = \frac{1}{6}$$

入る数やん。これは分かるやろ。これは何かと言ったら、$\frac{1}{10}$になる」

「ここまで分かる？」

図をかきながら一生懸命子どもが説明していますが、1つずつ分かりやすいように前の説明よりも詳しくなっていきます。

「うんうん」

「じゃあこっちの青の蛇口で15分やけん、こっちも青やったら$\frac{1}{15}$になるということ分かる？」

まわりの子どもの様子を見ながら確認をしている姿は、小さな先生です（笑）

「分かる！」

「それが$\frac{1}{10}$と$\frac{1}{15}$やん。これ1個に入る量と、これを使って。これでいくと、こっち（赤）は$\frac{1}{10}$で、これ（青）は$\frac{1}{15}$やけん、こんな具合に一緒に入れるやん。そしたら、これとこれをたした数が1分に入る数になるやん」

「なるほど！」

「だから、それで計算したら$\frac{1}{6}$になって。で、温泉があって、これを6等分したうちの1個分になるけん、これは6分でできる」

「正解！」

と子どもたちから拍手が起こりました。

　けれど、その子の最後に書いたものは「$\frac{1}{6}=6$」でした。なるほど、$\frac{1}{6}$が6個集まれば温泉がいっぱいになることは分かったようですが、そこの立式が難しかったようです。

「待って待って！　$\frac{1}{6}=6$ってどういうこと？　イコールにはならないよね？」

　すると、子どもたちがむきになって手を挙げてきます。

「この人が使うとして、これは60と10やん。60と10は、60÷10で6やん。だから、この1目盛りが$\frac{1}{6}$な。つまり、$\frac{1}{6}$イコールこれ」

と、前の60のときの例を挙げてくれました。

　でも、$\frac{1}{6}=6$にはならないと思った子どもたちが、「え、全然分かってないぞ、俺！」

と言い始めました。次の子が援護射撃をします。

「60÷10は何？（みんなから、ろくーーー！と）ですよね。ですよね？　$\frac{1}{6}=60÷10$は6、だからこれイコール6。え？」

　言った本人もあれ？と思ったようです。

「誰か、手を挙げろ！」

すると、

「そやけん、この$\frac{1}{6}=6$というのは、さっき、全体の元の数を30リットルとか60リットルで考えたじゃん。それを1リットルとして考えただけ。1リットルで考える。30リットルが1リットルになっただけ。1リットルを、赤の蛇口だったら10分でたまりますよと言ってる。となったら、割っていったときに1分間が$\frac{1}{10}$になるの分かる？　$\frac{1}{10}$リットルたまりますよ。これが赤の蛇口。次、青の蛇口やったら、1リットルためるのに15分かかるから、1分間に$\frac{1}{15}$リットルたまるよって。

となったら、これは最終的に両方使うやん。ということは、この$\frac{1}{10}$リットルと$\frac{1}{15}$リットルをたしたら、まず$\frac{1}{6}$リットル。だけん、1分間に$\frac{1}{6}$リットルたまりますよと言ってる。

じゃあこの1リットルを$\frac{1}{6}$リットルずつためよったら、何分かかるかと考えるのね。簡単な話をすると、6リットルに1分間1リットルためますよ。1分間1リットル入っていったら、何分になる？」

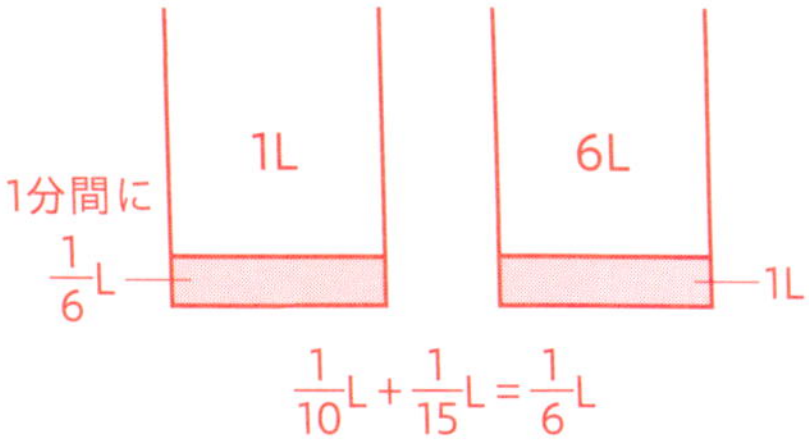

「6分！」

「そう！　どうやって考えた？」

「1×6！」

「あー……かけ算か。かけ算でもいいんやけどな」

「6÷1」

「例えば、10個のあめがあります。2個ずつ一人に分けると？」

「10÷2！」

「そう！　わり算を使うやろ？　こっちに戻るよ？　6の中に1が何個あるか考えるのは？」

「わり算！　6÷1」

「そう！　でしょ？　そしたら、1の中に$\frac{1}{6}$が何個あるかは？」

「1÷$\frac{1}{6}$！」

「そしたら、ここかけ算になるやん。そしたら1×6になるやん。だから6」

「おおおお！」

この子どもたちのやりとりですごいなあと思ったのは、例を友達が分かるよ

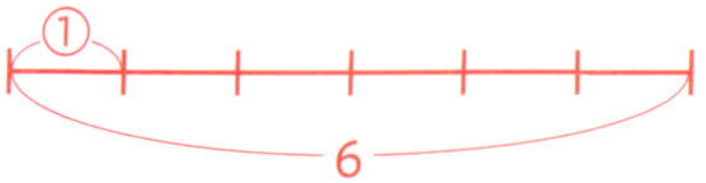

うにころころ変えていったところでした。$1 \div \frac{1}{6}$という式はなかなか想像しにくいものです。そこを、この子は友達とやりとりしながら変えていきました。

この後、子どもたちは全体を１に変えること、でも公倍数でも解けるなら公倍数でいいんじゃあ……という話になりましたが、公倍数をわざわざ考えなくても全体を１としてみたら$\frac{1}{○}$とどちらの温泉も仮定できるというところに落ち着きました。

子どもたちの言葉で、困りを解決し、どうすればいいか分からなかった子どもたちが「全体を何かに仮定して解けば解ける」と理解できた授業でした。

この実践は、次の田中先生との対談の素材となっていますので、併せてお読みください。

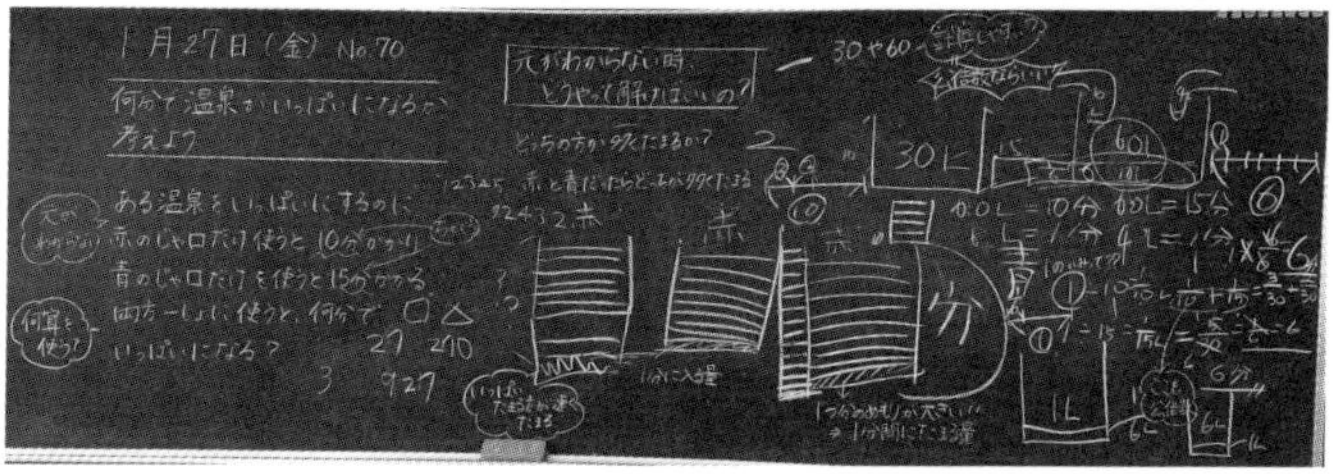

田中博史、重松授業をこう分析する！

なぜ、授業で対話活動が必要なのか

重松先生のある日の授業（6年生）、多くの算数仲間（田中博史先生含む）が参観していました。**その授業の動画を再生しながら、田中博史先生とともに振り返ります。**フリー対話がどのように起きているのか、重松先生の授業のよさは何か、また課題は何か……。田中先生のアドバイスをもとに改善点を探ってみましょう。

問題文を書くときに気を付けること

授業動画　**問題文の板書場面**

タイトル「何分で温泉がいっぱいになるか考えよう」

問題文「ある温泉をいっぱいにするのに、赤のじゃ口だけ使うと10分かかり、青のじゃ口だけを使うと15分かかる。両方を一緒に使うと、何分でいっぱいになる？」

田中　一つ目の質問です。最初に「何分で温泉がいっぱいになるか考えよう」と書いて、それから下に問題文を書いていますが、いつもそういうふうにしているの？

重松　はい。というのも、**ゴールを「こういうふうにするよ」と見せることで、何分というところを考えながら問題を解いてほしい**と思っているからです。

田中　なるほど。よく研究会で指導される方が「めあては絶対に最初に書きなさい」と言われているらしいけど、そこで「この時間に育てたいこと」などを書いてしまうと意味がないと私は思っています。でも、そうならないために、いきなり問題文を書いたりすると、先ほどの指導的立場の方から注意を受けてしまう……。重松先生の書き方は、その折衷案になっていていいですね（笑）

問題文はきちんと下に書いてあるし、しかも、めあてには問題文の最後の問いかけを使って書いているから、余計な情報を出していない。めあてで失敗するのは、「きまりを見つけよう」とか書いてしまって、子どもたちがきまりがあることを先に教えてしまっているなんてことがよくあるからね。

重松　私もそれは嫌だなと思って、こういうふうに書いてます。

田中　いいアイデアだなあ。では、二つ目の質問です。子どもの立場になったときに、この教室の中でおそらく何人か、もうこの時点で困っている子がいるかもしれないと予想してみましょうか。例えば、それはどんな子だと思いますか。

重松 文章を読むのが難しい子ですか。

田中 それもきっとある。でも、なかにはそれ以前の子もいたりするんです。それが例えば「ごめん、先生で見えなかった」などという声になる……。どういう子だと思う？（笑）

重松 視力の弱い子？

田中 そう。字が小さいとね、時々それで目を細めている子がいるでしょ（笑）。彼らは、こういうときどうしていると思いますか。

重松 ぼーっとしているか、友達のノートを見るかですね。

田中 ええ、こんなとき彼らは友達のノートに頼っていることが多いんです。「先生、ぼく、目が悪くて見えません」とは言いにくいので「先生が立ってたから見えなかった」とか言ったりしてね（笑）。子どもを見ていると、**大人が思っている状況よりももっともっと手前で困っていることがあったりするん**です。順調に進んでいる子が解決に入ろうとするけど、このようにまだ問題文さえ写せていない子もいる。その問題文を写せていない子がいるかもしれないなと思ったら、その子たちを救うためにどうするかを考えることが必要になる。

私は「書き終わった？　ほんとにちゃんと書けてる？　ちょっと読んでみて」と言って、その子のノートを読ませます。そうすると、目の悪い子はその音声で自分のノートに追加を書けます。「ああ、そうか。問題文の後半はそうなってるんだ」とね。

こうして、**みんながちゃんと問題の意味が分かったかどうか、問題文がちゃんと書けたかどうかを先生が気にすることは大切**ですね。子どもたちはきっと「ぼくのノートが書けてないのを先生は知っててくれるんだ。助けてくれてるんだ」と思ってくれます。スタートで子どもの中に差を作らないようにする一つの配慮です。

重松　なるほど。

子どもたち全員が問題を把握するための工夫

授業動画　**自力解決前の問題把握の場面**

重松 待っている人は問題文をしっかり読んでいてよ。ちょっと待ってね。じゃあ、まずこの問題文が分かったかどうか、ちょっとチェックするね。じゃあ、お隣同士、もしおらんところは3人でジェスチャーで。

児童 ジェスチャー？

重松 ジェスチャー。どういう問題だと思う？　この問題はどういうことを言っている？

田中 「この問題文のことをジェスチャーしてみて」と言っていますが、どうしてジェスチャーにしたのかな。

重松 まずは、問題文の日本語が分からない子が、ジェスチャーを見ることで「そういうことか」と分かってほしいと思ったのと、1が人によって大きさが違う、つまり温泉の大きさが人によって表し方が違うので、何か一つの数字として表してほしいと思ったからです。ここで全員参加できると思いました。

田中 普通であれば「どんな問題文でしたか。お隣同士で言ってごらん」というパターンが多い。これをジェスチャーでやるとイメージも湧くし、**何より子どもが動いているから教師からも観察しやすいというよさがありますね**。これは面白いね。もしも、ここで動けていない子がいたらどうしますか。

重松　私が行きます。

田中　ペアの活動だと、どちらかにそういう説明能力がないとできませんからね。

重松　はい。だから、ペアでやるのは怖いんです。

田中　そういうときは私は４人でやることもあります。「じゃあ、ちょっと人数を増やしてやろうか」と言って、「４人の中で一番得意な人、やってごらん」とやらせてみます。そこからまた２人に戻してみたらどうだろう？　子どもの状況に合わせてペアと４人組を使い分けるといいですね。

この場面の授業でよく見るのが、ＩＣＴなどを使って映像で見せてしまうこと。でも、それだと一番把握させたいところがもう受け身になってしまうから、あまりよくないと私は思います。教師が説明モードに入ってしまうからね。分かりやすくするのではなく、謎解きを少しずつ楽しめるようにしてあげた方が子どもも楽しめます。

重松　教科書では図が最初から載っています。でも、**あまり見せすぎるのもよくないな**と思って、私もこの場面はジェスチャーにしてみました。

田中　いい感覚だと思います。

いつでもフリー対話を使うわけではない

授業動画　問題提示後のフリー対話前

重松　じゃあみんなに、これを今から考えるのを、自分たちでまずどうしたいかを方法を選んでもらおうかな。自分で考えたい人は手を挙げて。自分で考えたい人？　いやいや、ちょっと友達と話しながらやってみたいという人？（挙手多数）何分あれば大丈夫そう？

児童　3分。

重松　じゃあ3分あげるので、自分で考えたい人は自分で考えて。友達と考えたいという人は友達と考えてください。じゃあ、どうぞ。

田中　ここは読者の方の中でも意見が分かれるポイントになるでしょうね。つまり「一度は全員が自分でいったん考えるべき時間がいるのでは」と言う人も多いので、重松先生にも尋ねてみますね。最初から交流することは、果たしてよいことなのでしょうか。まずは自分の考えを持たせた方がいいのではないですか。どうでしょう？

重松　ここでは、全く解けない、何算かも分かっていない子に自力解決をさせることはよくないのではないかと思ってやってみました。試行錯誤する時間が必要だという意見もあると思いますが、まずは「このジェスチャーはできる。だけど、どう考えたらいいか分からない……」と言う子が、友達に「こう考えればいいんじゃない？」とアドバイスを受けて動き出せるかなと。最初から何も分からない子に「自分でやれ」はちょっとかわいそうかなと思ったので。

田中　なるほど。でも、これを体験した子どもは、次の時間もやはり動けないから友達のところへ最初から行きますよね。その次の時間も行くかもしれません。でも、テストのときは誰も助けてくれません。それはどうしますか。

重松　このようなフリー対話の時間がない授業ももちろんあります。私は子どもたちにはいつも見通しという言い方をしているのですが、**「見通しが持てるよ」という子が多い場合は、フリー対話は最初の段階では使いません。**自分で考えさせています。

田中　実はこういった場面でも、いずれ一人になったときも役に立つ手立てを身に付けさせようと考えることが必要だと思うのです。その一つが子どもたちに**「こうだったらできるのに」と言わせる**こと。ここだと「じゃあ、元の量が分かっていればできるの？」ですね。
子どもたちが分からないとき、自分で勝手にいったん数を決めてやってみるのでいいんだよ、と。そうすると、この方法は次の授業でも同じようになったときに使えるでしょ。「こういうときって、まずいったん数を適当に決めて試してみればいいんだよね」とすると、次に何をすればいいのか見えてくる、と。

重松　なるほど。少しずつ育てていくんですね。

田中　そう、少しずつ。いずれ子どもたちは独り立ちしていくんですからね。後半の2つだからできないところも「だったら、1つならできるの？　それなら簡単？」「うん」「どうかな、答え書いてあるし」とか。1つだったら、答え書いてあるんだよ。「じゃあ、2つになった途端にこんなに難しいんだ」というのも話題になります。「時間が違うからできない」「じゃあ、時間が一緒ならできるの？」「じゃあ、時間が一緒の場合をやってみよう」。そうすると、今度は「両方とも10分、10分だった。じゃあ、どうなる」と。

重松　簡単になりますね。

田中　そう？　これでも20分と言う子が絶対いますよ。

重松　確かに。

田中　この話が面白いのです。だから、私だったら「両方一緒だと簡単だよな。10分、10分だったら20分だものね」と揺さぶりますね。子どもたちはきっと「えっ、増えるの？」と動揺するでしょう。「普通、10分と10分なら20分でしょう」と言えば、「いや、それは変だ」となります。

こうやって**子どもたちを揺さぶると、子どもたちが中間を歩く姿が見えてくる**と思わない？　また、フリー対話のタイミングを少し遅らせることもできます。

重松　なるほど。

田中　子どもが言ったことを使えばいいのです。「これだからできない」と言うのであれば、「だったら、できる問題をいったんやってみよう」とします。いきなり最初の問題をやるのではなくて、自分でちょっと変えたものをやるわけです。

実は、これはずっと算数の授業の中でやってきたことです。小数のかけ算はできないから、いったん整数にしよう。分母が違ったらできないから、分母を同じにしよう。全部、発想は同じでしょう。

ところが、みんな独立した手法だと思っているから、「それは通分」とか「それは小数点を変える」と思っています。そうではなくて、子どもたちがいったん**「私、こっちならできるのに」の世界に持っていってあげる**のです。「ぼく、1時間目、体育ならいいのに」の世界と一緒です(笑)

いつも子どもを、先生の方に持ってこようとしてしまいがちですが、子どもたちの行きたいところに教師が一度行ってみればいい。そこを押さえてあげると、フリー対話のときの話題をコントロールできるようになるので段々成長していきます。いずれ一人になったときにもできるようにするためのストラテジーを身に付けていくので、テストもできるようになると思いますけどね。

重松 先生自身が既にその思考法なわけですね。「これだったらいいのに」というのを、先生は既にどの問題でもそう思っているから、今もスッとそれが出てくるんですね。

田中 そうするとシンプルになりますよ。子どもたちが「えー」と言ったところに私が行く。ほとんどの先生が彼らを自分のところに連れてこようとする。でも、それだと、階段が高いのです。「ああ、そうか。じゃあ、そっちでとりあえずやるか。今日はこの問題は忘れていいよ」というぐらいのつもりでもいいでしょう(笑)。でも、やっているとテストで「なんだ、同じじゃん」と結びついていきます。彼らがいったん自分の分かる数値で書き換えて、手法を考えて、その数字を元の数字に戻すという方法をこうして身に付けていくことになる。

テストができないのは、**テストで正解にたどり着くまでの距離が長い**のです。その間がどのように刻めるのかを教えてあげると、授業の中で子どもたちが成長していきますよ。

これは林間学校などを通して子どもを育てるときも同じだと私は思っています。例えば、トイレのスリッパがそろうようになるプロセスで考えてみましょうか。ある生活指導の先生が「今日、トイレのスリッパ、ぐちゃぐちゃだったね。明日ちゃんとするんだよ」と言うと「はーい」で終わります。私はそれを聞いたとき「ちょっと待って」と。「明日ちゃんとやるって言っていたけど、どうやってやるのでしょうか。あなたがちゃんとやっても、次の人はやらないかもしれないでしょう。では、どうしますか。『こういうふうにするんだったらできる』ってよいアイデアはないでしょうか」と子どもたちに問います。

子どもが「先生、もうスリッパそろえるの大変だから、全部片づけてくれない？」と言えば、私は「ああ、なくせばうまくいきますね」と答えます。すると「じゃあ、裸足で入るの?」「気持ち悪いじゃん」とか「だったら、一人ずつ自分のものにしない?」とか、いろいろなことを子どもが言い始めます。つまり「これならできる」を言うわけです。

子どもが「数が多いからいけないんだよ。5足ぐらいでいこうよ。5足だったら、ぼくもそろえられる」と言う。「なぜ5足だったらいいの?」ともう一度尋ねると、たくさんあると、乱れたとき、それを全部そろえるのは大変だと言う。でも、5ぐらいなら人の分もちょっとできる、と。「ああ、なるほど」「先生、だったら3でもいいよ」「でも、3足じゃトイレに人が並ぶようになるよ」「そうか。じゃあやっぱり5か」とか子どもが考えるわけです(笑)

私の目的はきれいにすることではなくて、**解決の方法自体を子どもたちが自分で考えるようになること**です。だから、子どもたちは次に「トイレの便器が4つなんだから、スリッパ4でよくない?」とか言ってくる。子どもが自分のこととして考えるようになるんです。

重松 確かに。面白いですね。

田中 自分が試行錯誤したことは記憶に残っているから、トイレで並んでいるときにみんながら「これって要らなくない？」「でも、大の方に行く人もいるよ」という話題をしていて、みんなスリッパの話題をずっとしているのがかわいい（笑）

重松　「何々ならできる」という言葉は授業でも学級経営でも同じなんですね。しかも自分で決めていますからね。

田中　そうです。自分のできる範囲は自分にしか分からないですから。

重松　こうしてみると、一見違う場面なのに共通していると考えることができますね。

子どもたちの理解度に合わせてフリー対話に変化をつける

田中　あと、ここでは「自分で考えたい人？」「友達と考えたい人？」と発問しているところがありますけど、この後一気に子どもたちは解決まで行くわけですよね。**できれば本当は、もう一つ中間の指示が欲しい**かなと私は思うんだけど。ここから先が丸投げにならないようにするために。

例えば、この状態で重松先生が子どもたち全体を観察するとします。でも、全体を詳しく見ることは難しいでしょう。そこで例えば「あの赤いシャツの男の子だけは気になるから、あの子のそばに行ってみよう」とか。

これはサンプリングの考え方で、一人しか見ていないのだけど、他のできない子の状況も推測することができるというよさがあります。気になる子を数人、ターゲットを絞っておいて、とりあえずそこだけをチェックしに行く。でも、いつも同じ子ばかりにならないようにするという配慮は要りますけどね。

昔から意図的指名と言われるものがあるでしょう。あれは、まずは観察することが目的なんだけど、それをこの時間にもやるという考え方です。例えば、今3人ぐらい集まってしゃべっていたとします。「なるほど、ここまでの話を他のグループにも聞かせたいですね。ちょっと他のグループ、いったん座ってください。ここの3人の話を巻き戻すから聞いてみて」とやってみます。先生が「あなたが最初にこう言ったよね。じゃあ、次は……」と振り返りながら、3人の会話を再現してみるのです。

すると、そこで行われていた話し合いの過程が共有されて「いや、これ、こっち側だけまずやればいいんじゃない?」とか「これ、そろえたらいいんじゃない?」というように他の子たちも役立てられるようになる。こうするとフリー対話のテーマも絞ることができます。大切なのは、**「絞るとき」「広げるとき」を意識して子どもたちの**

フリー対話にも変化をつけることかな。

そのまま全部開放してしまうと、あるグループだけはもうゴールに行ってしまったりして差がついてしまうのでね。最初の問題把握のときにジェスチャーをやったような小刻みなことを、フリー対話のときにも子どもの状況に合わせて取り入れると間が埋まるんじゃないかな。

重松　私は人の流れをいつも見ていて、一人で考えている子が動き出す瞬間を見たいと思っているので、最近はそれには注力しています。その子が動いたということは何か書いて動いているはずだから、その子のそばに行って、**何で困っているのかというのを見る**ようにしています。

田中　それもよい視点ですね。そういえば、あの男の子は前の時間も一人でしたか。

重松　この子ですか。違います。だけど「この子は解けると思ったんだな」とは思ったのです。でも、最後、この子が動くんですよね。

田中　例えば一人で考えようとする子をいずれは増やしたいと思っているのか、最初からお友達のところに行く子どもに育てたいと思っているのか、その目的で違います。

いずれテストもできるようにしたいと思う人は、最初はみんな「いったん自分で考えてみる」時間を取りますよね。それで従来の長い自力解決の時間が生まれるわけです。だから、いきなり一人ぼっちにするわけです。

実は、昭和のときにも自由に交流する活動は流行ったんですよ。そのときもやはり最初から丸投げにしている人がたくさんいたので、それが課題でした。すぐグループにして、あとはグループの中の得意な子がしきるだけになります。そういう意味では、今のフリー対話学習も同じ課題をずっともっていると言えるかもしれません。先生は結局何も指導していないじゃないかと言われてしまってね……。だから、そのギャップを埋めるいろいろな手立てをしているということを課題にしないと、また同じ失敗を繰り返してしまうので。

若い先生たちが悩んでいるのは、授業が盛り上がった、ゲームも楽しんだ、子どもたちも嬉しそうだった。「でも、テストをやってみるとボロボロでした」と。この状況とよく似ているかもしれません。私は「それは盛り上がってるんじゃないよ」と言っています。「テストで点数が取れない子どもが授業中にどうしているのか見てごらん。きっとその子、自分で考えずに最初から人に聞いているよ」と。

だから、「かつての自由交流活動の頃から、みんなが課題だと捉えていたことを思い出すこと、それを解消するために私はこんな仕掛けをしてみました」とやれば、説得力がありますね。

重松　ハードルが高すぎませんか（笑）

田中　いやいや、重松先生が意識してやっていることの中にも手立てはあると思いますよ。例えば、重松先生は問題把握のところと解決活動を区別しているでしょ。これだけでも大きな前進ですよ。

　次は**「この子は前回は一人でやっていたけど、今回は複数でやらせてみたい」と考えて指示を変える**というようなことでもいいんです。「前回最初から行った子、今回は一度一人で考えを決めてから行ってみよう」とするとか、彼らに問題を解かせないで、「じゃあ、ごめん。ちょっと一人で、『私、この数字こう変えてくれたらできる』という数字だけいったん書いてみて」とするなど手立てはいろいろできますよ。すると「$\frac{1}{2}$は嫌だけど、1にしてくれたらできる」とか「$\frac{1}{10}$と$\frac{1}{15}$は嫌だけど、10分と10分にしてくれたらできる」とか。で、「『10分と10分にしてくれたらできる』の部分だけで友達と交流しておいで」とやれば一気にゴールに行く子はいなくなる。『私はこれとこれをこうしたらできる』という話題を友達としよう。そのときにそう考えた理由もお話ししてね」というように。

その間に、ちょっと気になる子のそばに行くわけです。「10分と10分なら、ほら20分じゃん」と言う子が絶対いるから。それを聞いたら取り上げればいい。でも、その子がちょっと弱い立場の子だったら「ちょっとストップ、ストップ。今、面白いことを聞いたんだけど、確かに先生もそう思う。これ、簡単すぎたよね。数字をそろえたら、ちょっと簡単じゃない？　10分と10分じゃ20分って、もう答え見えてるよね」と教師の方で引き取ってみせて、全体のディスカッションに入るような方法もあります。手立ては複数用意しておいて子どもの状況によって、交ぜて使えればいいと思いませんか？

重松　勉強になります！

田中　（フリー対話中の動画を見ながら）今、子どもから数字が聞こえてきたでしょう。何が聞こえましたか？

重松　10

田中　実は30というのも何回も聞こえています。

重松　30？

田中　30リットル。それぞれのグループはまだ話題の共有ができていないかも。先生には全部聞こえているけどね。だから、ここで教師が「今、歩いていると『30』というのが何回も聞こえてくるんだけど、ちょっと、この『30』と言っている子たち、問題をよく読んでいないような気がします」というふうに全体に投げかけてみたらどう？

重松　え？　いいことを言っているよ、という感じではなくて……。

田中　ええ、あえて「明らかに問題を読み違えている気がします」という感じにして（笑）。だって、どこにも30って出てこないでしょう。この場合は、「いい？　君たち。もう一回、問題をよく読むんだよ」とやってみると、子どもたちがむきになって反論してきます。すると盛り上がります。「30って何か」と。そうしたら、まだ公倍数の話に気付いていない子にも「なんで30の話題をみんなしているの？　関係ないんじゃないの」と考え直す時間をあげることができる。または気が付いた子たちに「30を使いたい気持ちのところだけしゃべってごらん」とやるとかね。

　ともかく突っ走る子たちを一度止めるわけです。そして、その30の話題が、教師が心配している子どもたちのところにも届くかどうかを見届けてみます。彼らに「30は間違ってたでしょ？」と言って、その男の子が嬉しそうに「いや、やっぱり30には意味があるんだよ」と言い始めたら大丈夫。私はこうして、**いつも苦手な子たちの参加度を上げていくためにキーになるところで、歯止めをかけるというのを意識してやっていました。**

授業の中盤では子どもの参加度を確認し直す

授業動画 **集団解決中・フリー対話中の困り解決場面**

重松 はーい。では、フリータイム終了。Nのところは今、何を考えていたか教えて。
児童 その温泉に同じ時間でどっちの方が多くたまるかという話をしていました。
重松 なるほど。どっちの方が多くたまるか。なんで?
児童 赤い蛇口と青い蛇口は、同じ温泉のたまる時間が違うから、どっちの方が多くたまるかなということ。
重松 じゃあ、ちょっと聞くよ。赤と青だったら、どっちの方が多くたまっているの? 量が分からないものね。
児童 赤。

重松　なんで赤の方が多いの？

児童　例えば、これを温泉としたら、赤の蛇口を使うと10分かかると言ったやん。こっち赤でこっちが青で。こっちだったら、10分かかるということは、１分で10分の……。

児童　俺と一緒や、先生。俺と一緒や。

重松　待って待って、全然分からん。

児童　10等分。

児童　こっち（赤）やったら、これだけがたまるやん（$\frac{1}{10}$）。このラインな。このラインで、これを15等分したうちの１個やったら、このぐらいしかたまらんわけよ。

児童　そうかな。

児童　長い時間かかるけん。だけん、これが全部たまるのと、ちょっとしかたまらんのやったら、いっぱいたまる方が赤の方が早くたまる。

田中　子どもが懸命に図で説明を始めたこのあたりで、本当は図の

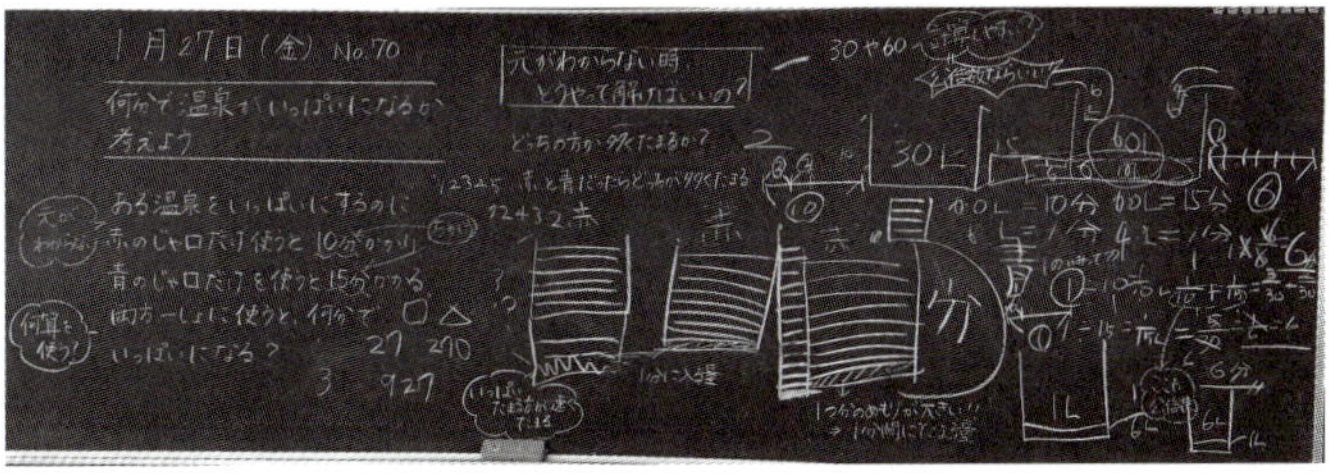

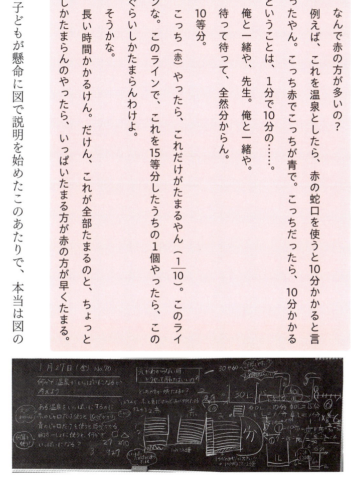

かき方も教えてあげるといいかもね。私はセミナーでも言っているんですけど、**説明のときに図を黒板にかきながら話すときはフリーハンドでいい**と思ってます。先生たちは定規を使ってきちんとかかせたがるけど、それだとかきながら話せない。よく画用紙などにきれいにかかせてから発表させるのを見るけど、大切なのは図ができあがる途中を見ること。だから、この男の子みたいにかきながら話すことはとっても大事なんです。

確かに、子どもがかいているのは、目盛りの幅が一定ではなくてうまくいってませんが、聞いている他の子は、彼がかいている動作の目的自体は理解しています。図をかく場面も完成したきれいな図自体よりも、その子どもがどうしたいのか、目的を聞くことが大切だと思うのです。そうすれば、その子は「うまく図にはできないけど、私、これを5つに分けたいの」と言ってくれます。つまり、考え方の方を皆で共有できるようになるんです。

授業動画 **集団解決中・「どちらの蛇口が多くたまるか」を話し合う場面**

児童 G君とやり方が一緒で、赤が、こっちが1、2、3、4、5、6、7、8、9。

赤は10分でたまるやん。これで１目盛りを測るために１分で。次に青はその大きさで15かかるやん。1、2、3、4、5、6、7、8、9、10、11、12、13、14。これやったら、大きさは赤の方が大きいやん。だけん、同じこの銭湯の大きさで早いのは赤やけん、１目盛りの大きさは赤の方が大きくて。この赤の１目盛り分＋青の１目盛り分が、１分間にたまっていく数だから、答えはこの２つをたしたの。

児童　Ｈさんがかいた図だったら、右側の赤い蛇口の方が目盛り１つの、目盛り分が大きいから、目盛りが大きいということはその分、水が多くたまっているということだから。

児童　それが15個あるから、10個の方が確実に早い。

重松　赤の方がたくさん入ることは分かったよ。量は分かったよ。でも結局、元が分からないじゃん。

児童　赤の蛇口と青の蛇口の10分と15分の公倍数である30や。

児童　30や60をまず作る。

重松　今の「えっ？」と思った人。なんで30と60なんだ？

田中　授業が始まってここまでで約25分経っています。だいたいこの25～30分ぐらいで、いったん子ども集団の中から苦手な子たちが離脱していくことが多いです。このあたりに危ない時間があります。まあ、子どもの疲れもあるのでね。集中力が切れるのもある。話題がどんどん進むと、まだ前半の話も分からないのに、次の手立てを聞いても分からないという子たちが出てくるでしょう。

例えばこのシーンも、あの2人の男の子の話に「えっ?」と思った子に話題を持っていっているけど、そもそもあの2人の男の子の話をみんなが聞けているかどうかです。**前半のテンポよく進めなきゃいけない時間帯と、中盤のこのあたりでいったん子ども全体の参加度をチェックしてみるといい**と思います。

こうして、これから一番大事なところに入るぞという時間帯の前に、ワンクッション置いて、子どもの状態を少しそろえるという意識があるといいです。すぐ次に行きたい気持ちは分かるけどね。そのまま進んでしまうと得意な子しか参加しないので、このときいったん戻すわけです。たぶんそれがこのシーンだと思う。「えっ?」と思った人の前に、あの2人は何をしゃべったか。ちょっとそれ、伝言ゲームでやろうかなどの方法を使って確かめ合ってみる。「ちょっと、じゃあみんな、2人組を作ってごらん。最初にこちらの友達の話をもう一度聞きますよ。2人組を作って、じゃんけんで勝った人、そのまま聞いてましょう。負けた子、耳をふさいでください」などとやるのです。そうすると子どもたちも遊び心で友達の話を聞き取ることができます。

こうやって私は、**全員にきちんと聞き取らせたい大切な場面でもちょっと遊びを入れたりして、全員の参加度を高めること**を意識してました。

重松　そういったことをいろいろレパートリーでもっているのですね。

田中　そうですね。いろいろな方法を使ってやってます。先ほどの２人でやる伝言ゲーム。他にも４人グループから一人ずつ出してその一人にだけ伝えて、その子がグループに戻ってみんなに伝える、というように人数も変えながらやってました。

違う視点の子ども同士が聞き合う時間を作る

授業動画　**一斉・子どもの説明場面**

児童　赤い蛇口だけ使うと10分、青の蛇口だけを使うと15分ということは、同じカップで計っているということやけん。30や60は２つとも倍数をとったカップだから、同じ大きさのカップの方が計算しやすいから、計算しやすいというか、答えを出せるから、30や60にした方がいいんじゃないか。

重松　今ので分かった？

児童　すべてが分からない。

児童　元が分からなかったら、作ればいいじゃんという話。だから、銭湯があるとしたら、全部に10分かかる赤と15分かかる青があるやん。そしたらこの全体の数をもう何でもいいけど、公倍数の方が計算がしやすいから、全部の銭湯の大きさというか、入る数をまず30リットルにするんですよ。30リットルだったら、15分かかるやん。

児童　え？　どういうこと？

児童　30リットルを全部入れるのに、赤だけだと10分かかるやん。

児童　なんでそれが分かるの？

児童　そしたら、この赤で1分だったら何リットル入れられるか。赤は1分で3リットル入れられるっていうことが分かるやん。そしたら、青は30リットルを15分で入れられるやん。そしたら、1分だったら2リットルやん。

だから、この2つが合わさったら、1分で何リットル入れ

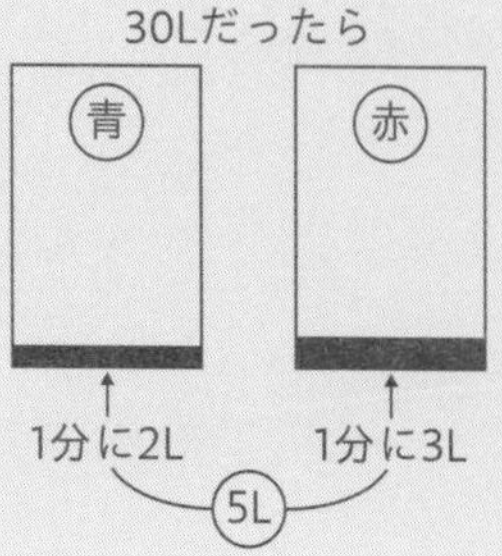

られるかといったら、何リットル？　5リットル入れられるやん。だけん、そのまま30リットルの中に5リットルが何回入るのかといったら、答えが分かるっていう……。

田中　たぶんこの5リットルのことがよく分からない子がかなりいたかもしれないよ。本当は、ここで「この5リットルのお話を今、自分一人でもできる人？」と尋ねてみて、手がどのぐらい挙がるか見てみたらよかったかもね。私は結構挙がらないんじゃないかと思いますよ。

なぜ無理かというと、60リットルなのに15分ということが苦手な子にするともうありえないわけです。さっき30リットルでしゃべってるから、60リットルはもっと時間がかかるだろうと思っていたら、なかなか次の話についていけませんからね。

重松　そうですね。

田中　だから、ここは60リットルの話は、本当はもう少し待たせた方がよかったかもしれないですね。

授業動画　一斉・公倍数から全体量を1に仮定していく場面

児童　これが60やとしたら、じゃあこっちが60、こっちが10で、こっちが1分やったら、ここが何になるとなったらこっち6になるやろ。じゃあこっちは4になるやろ。こっち4になるやろ。じゃあ、こっちが6でこっちが4やったら、1分間に、ここが10になる。そしたら、60÷10で6になるけん、答えは変わらんけん、別にいい。

重松　なるほど。だけど、これは最小に限った話じゃないよということだな。どうやって考えたというか、これは公倍数で考えたというやり方？　公倍数を使ってみたという人はどのぐらいいるの？

児童　公倍数もやったらいいけど……これさ、勝手に全体を何かと仮定しとんやろ？　そうしたらもう何かで仮定してるんなら、1と仮定する。そうしたら赤の場合は1÷10で、1分間に$\frac{1}{10}$入っているわけやん。そうしたら青は1分間に$\frac{1}{15}$入っとるわけやろ。そうしたら、$\frac{1}{10}$と$\frac{1}{15}$をたして……。

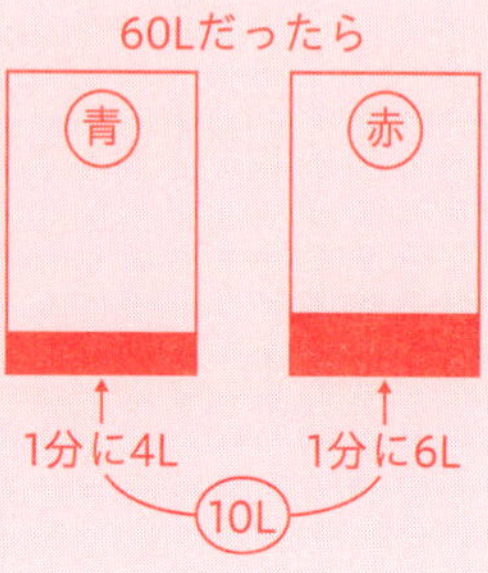

田中　ここも同じような話が行われているけど、スピードが早いかなあ。「なんで１にしなきゃいけないの？」って思ってる子がいるから。30とか60の話題をしてくれたから、「そんなことしなくても１でいいんだよ。公倍数なんか考えなくてもいいんだよ」ということを整理することが必要かな。

いつも手立て（アイデア）と計算の処理が同時に出てくるので、まずは手立ての話だけにするといいと思います。この段階では計算はしなくていい。２年生や３年生の授業もみんな同じ。みんな計算して結果を求める方に行ってしまいますけど、計算は電卓でやってもいいぐらいです。「考え方」だけに絞って説明すれば、差が少し埋まると思うんだけど。

ここは仮の数字を複雑にしなくても、**ともかく１にすればよいというのが育てたい見方・考え方**になります。もう一つが計算処理。こちらはあとから時間を取って、一人ずつにやらせてもいいかもしれません。この場面までで、例えば「私は30リットルでやってみた」だけでやめてみるとどうでしょうか。「なんで30リットルでやるの？」「それは15でも、10でも割れるため」「ああ、そういうことか」となるでしょう。

よく見ると、最初の方に元が分からないからと矢印を引いて、30リットルでやってみたい、60リットルでやってみたい。次に「そんな30や60、どうやってやったの？」「公倍数」「いや、公倍数なんか使わなくたっていいんだよ」「ぼくは1」「へえー、1でもできるの」と3つ書いて、「みんな、どれなら解きやすい？」とやれば、手立て、糸口だけもらって解決は自分でできるかもしれません。「先生、ごめん。私、1なんかちょっと意味分からない。60ならできそう」という子がいてもいい。

さっきの「これならできそう」の世界に行けるでしょう。60の子は一度60でやってみる。30の子は30でやってみる。1の子は1でやってみる。子どもたちに「早く終わったら、別のを試していいよ」と言えば、個人の活動頻度も上がるでしょう。

重松　上がります！

田中　そして全体に「では、30でやった人同士集まってごらん。報告会をやってごらん」。これで第一段階。「次、30でやった子、60の子を探してごらん」とか「1の子を探してごらん」とか。お互いに「私は30でこうやったよ。あなた、60の場合教えて」。これで、キャッチボールになります。

こうやってあげると、**違う視点を聞く、同じ視点を聞く。最初に同じ視点の話をしておくと答え合わせになります。**そこで修正させれば、自信がつきます。今度は違う視点の子のところに行く。最初にしゃべっているから、今度は二回目なので参加頻度も上がっています。

最後のクライマックスで、私だったらリズムを変えますね。「じゃあ、１の場合は、みんなでやってみよう」と。これまでの30や60の体験があるから準備はできてるのでね。

子どもが自然体で動くにはどうすればいいか

授業動画　**一斉・$1 \div \frac{1}{6}$を伝えるために言い方を変える子どもの場面**

児童1　この$\frac{1}{6} = 6$というのは、さっき、全体の元の数を30リットルとか60リットルで考えたじゃん。それを1リットルとして考えただけ。1リットルで考える。30リットルが1リットルになっただけ。1リットルを、赤の蛇口だったら10分でたまりますよと言ってる。となったら、割っていったときに1分間が$\frac{1}{10}$なるの分かる？　$\frac{1}{10}$リットルたまりますよ。

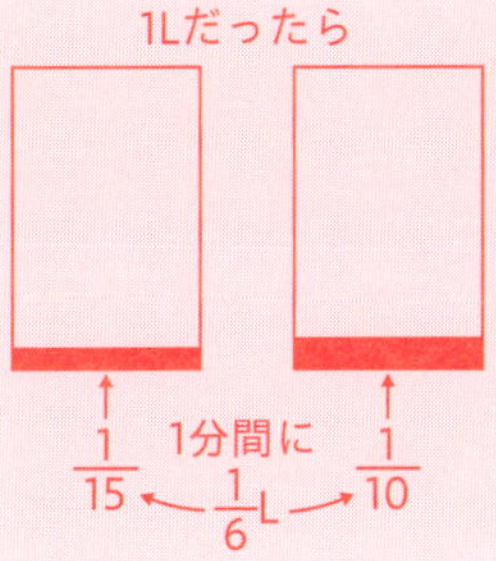

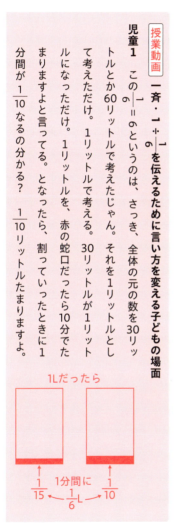

これが赤の蛇口。次、青の蛇口やったら、1リットルためるのに15分かかるから、1分間に$\frac{1}{15}$リットルたまるよって。

となったら、これは最終的に両方使うやん。ということは、この$\frac{1}{10}$リットルと$\frac{1}{15}$リットルをたしたら、まず$\frac{1}{6}$リットル。だけん、1分間に$\frac{1}{6}$リットルたまりますよと言ってる。じゃあこの1リットルを$\frac{1}{6}$リットルずつためよったら、何分かかるかと考えるのね。簡単な話をすると、6リットルに1分間1リットルためますよ。1分間1リットル入っていったら、何分になる？

児童2　6分！

児童1　今、それをどうやって考えた？　なんで6になったの。

児童2　1×6

児童1　1×6。ちょっと待って待って。1×6でもいいんやけど、6の中に1がいくつやけん？

児童2　$6 \div 1$

児童1　そうよな。やけん、1の中に$\frac{1}{6}$が何個入るのと考えたら？

児童2　$1 \div \frac{1}{6}$

田中　あの女の子（児童1）はこの場面から例を変えながら話していくんです。最初、60÷6の話をし、10÷いくつの話をし、最後1÷何とかの話をする。そうして、友達の表情を見て途中でまた6÷1の話とかに戻してるんです。つまり、分からないと言っている友達が、どの数字のときなら分かるかを一生懸命探っているのです。これは、素晴らしいことです。先生たちにも見習ってほしいぐらい（笑）。しかもそれを彼女は自然にやっている。すごいですよね。

私が全国を回っていろんな授業を見て感じることですが、例えば私の授業DVDを見て再現しようとされている先生でも、2つに分かれています。明らかに子どもたちがやらされている授業と、子どもが自然体で動いている授業。**重松先生のクラスの子どもたちはとっても自然体でいいね。**どうして、あの子たちは皆自然体になれるんでしょうか。

重松　自然体かは分かりませんが、子どもたちは問題に困っている友達を助けたい、と動いている気がします。教えてやる、という感覚じゃなさそうな。

田中　全国の教室には実は「○○しなさい」と命令ばかりしている先生もたくさんいます。

そのクラスに行くと、明らかに子どもがやらされているのが分かります。子どもが形式に沿ってしゃべらなかったら先生が、「そうじゃないでしょ、『まず』『次に』と使って説明するんだったでしょ。友達に分かったかどうか聞きながら説明するんでしょ」なんてね。さっきのような今話題にした程度の話型ならば、教えなくても子どもがむきになって説明したいことが生まれたら自然に使っています。友達にも考えてもらいたくてヒントを出すとかも、本当は普通にやってることなんです。

だから**私は手法ではなく、目的だけを伝える**ことにしてます。説明している子に「君がそのまま話してもいいけど、それだと聞いている友達は考える楽しみがなくなっちゃうよね。クイズを出したときにすぐに答えを言っちゃうようなものだね」と。そうすれば、子どもは「そっか、クイズのときと同じか……。じゃあ、ヒントをあげればいいかな」と話し方を変えます。やり方は子どもに任せてみます。任せるから、子どもによってやり方が違うのです。

人は、ある部分を任せてもらうと、そこは自由に動けます。例えば、友達同士で話しているときも、私は途中までは聞いていてスッといなくなったりします。そうやって**空白を作ることで子どもが自然に動けるようになる**と思うからです。

大人が隣で「こうでしょ、ああでしょ」とやり方を指示するのではなく、自由になれる時間を作ってあげる。先ほどの女の子もそうでしょう。先生が消えて、別の子が入ってくることで間接的になって、緩ませる空間ができています。**子どもたちがフリー対話が好きなのは、緩ませる空間がふんだんにあるから**です。緩ませると子どもは動きやすくなります。でも、それがなかなかうまくできない子もいるのが見えるので、先生方も悩むのですけどね。

それにしてもあの女の子は、先生になったらいいね。とってもいいセンスしてる。

重松　「教えるのが楽しくなった」と言っていました。

田中　それはよかった。あと、聞いている女の子の反応もいいですね。話し手が修正したくなる反応をしています。しかも、とんちんかんな答えでも自然に返してくるでしょう。そのおかげで話し手も「えっ、伝わってないの。じゃあ……」と、また元に戻していきます。このやりとりがとてもいい。**話し手のポテンシャルが聞き手の素直な反応によって引き出されています。**

重松　そうですね。

子どもの表現力を伸ばす方法

田中　もう一つ、この話し手の子は、ちゃんと話を刻みながらやっています。普通は、話が長くなってしまいがちなのに。なぜ、それができるのかというと、**聞き手に伝わったかどうかを必ず確かめながらやっているから**です。つまり、本当に「伝えたい」という気持ちがあるということだよね。教師の世界でよく指導と評価は一体化することが大切と言われているけど、あの子はまさしく指導と評価を一体化させているというわけです。

重松　なるほど。

田中　私は、大人もそうした方がいいと言い続けていますけどね。

重松　この子の説明の仕方を広めていくにはどうしたらいいでしょうか。

田中　よく、素晴らしい説明をした子がいたら、他の子たちに「ほら、今のこれ、上手でしょう。これをやりなさい」とすぐに子どもにやらせようとするけれど、そうではなくて、**まずは大人が自分でやってみるといい**と思ってます。意外と大人でもできません。いつも一方的に説明している人にとっては、これだけでも大きな成長です。

先日、私は飛び込み授業で次のような問題をやってみました。

「自由に2桁の計算を思い浮かべてください。その2桁の計算の十の位と一の位をたします。それを最初の数からひきましょう」という問題です。授業の前半は、この文章で書かれた約束を読み取って、ルールを適用できるかどうかを試すことに重点を置きました。つまり読解力を見ているわけです。

例えば、4年生を相手に「まず、2桁の数を自由に思い浮かべてください」と言ったとします。このときに「これを3年生に出したら、『えっ？』と首を傾げた子がいたの。なぜだと思う？」と聞きました。子どもたちは「2桁という言葉が分からないんじゃない？」と言いました。そこで「『2桁って、なあに？』と3年生に尋ねられたらどう考えますか？」と子どもたちに尋ねました。

悩んでいる子がいたので「じゃあ、もっと下の学年の、それこそ1年生の子どもが聞きました。『ねえ、お兄ちゃん、2桁って何？』。そうしたら、どう答えますか」と聞き直しました。そして「2人組の片方の子が1年生になって、お隣の友達に聞いてみよう。こっち側の子、答えるんだよ」と2人で教え合いをさせてみました。

以前、授業したときに「なかなか、今の上手だったね。みんなの前でそのお話をしてみて」と言ったら、ある女の子が「じゃあ、やるから、先生、私に聞いて」と言ってきました。私が「2桁の話を教えて」と言うと「もっとかわいく」と返ってきて、「え?」と言うと「だって、1年生が聞くんでしょう」「ああ、そうだったね。申し訳ございません。『ねえ、お姉ちゃん。2桁ってなあに?』」「うん。あのね、この『2桁』っていうのはね……」ってかわいく説明してくれました(笑)。1年生に教えると仮定すれば、難しい説明もできなくてもいいからね。これだけで説明の仕方が全然変わってきます。

重松 田中先生は、よく「ここまで分かる?」と確かめながら進めてますけど、それをクラスの子どもたちもやっていますよね。

田中 そうですね。私のまねをしているわけですね。だから、私もそれを意識して、まねしてくれたときに「うまいね」と褒めています。「私よりうまいかもね」とか「君の話し方だと友達も素直に聞けるんだよね」というふうにして価値づけてあげると、子どもはどんどん説明がうまくなります。

子どもたちが説明しているときでも、「なるほどね。そこで話を止めるんだね」と言いながら意識づけてあげたり、また「こっち側のみんなはどう? 意味が分からないって言っている子もいるね。聞いてみようか」と聞く相手を指名したりすることで、話し手の子に聞き手を意識させたりしています。

授業をスムーズに進めようとする先生は子どもの説明を受けると、そのまま続けて展開させていきがちですが、それでは苦手な子どもたちはついてこられません。彼らのために、必ず、途中で一度話題を戻してあげた方がいいと思います。**1時間の中に少なくとも1回、2回は戻すことを意識した方がいい**でしょう。授業の展開は直線に上がっていくのではなく、N字に上がっていくのです。

重松　仰る通りですね。でも、なかなかそれがうまくできなくて……。よい意見が出るとそれを使ってどんどん突き進んでしまうのです。

田中　確かにリズムが大切なこともあるのでいいのですが、そんなときは一度聞き手の子どもたちの顔を見ます。「あれ、聞き取れてないな」と思ったら、話題をちょっと戻す。また、**戻すときには一度これまでのあらすじをおさらいするような感じでプロセスだけを整理するのも一つの手**です。ドラマでも途中で1話見逃すと分からなくなりますからね。そのあとでもまたついていけるように「これまでのストーリー」とかやるでしょ。あれと同じです。

重松　ダイジェストみたいなやつですね。

田中　そうですね。途中まで来たときに、「ごめんね。ここまでのところを振り返るよ」と言って、「先生も忘れてるかもしれないから一緒に振り返ってみよう。最初、まずこれやったよね。次、こういうことするよね。で、こうしたよね。今ここまで来てるよね……」というようにストーリーを確認していきます。「これ、合ってる?」と言いながら。それで、「ここからは今やってるんだよね」というようにです。**内容の振り返りではなく、思考過程の振り返り**です。

私のDVDを見てもらうと、私はこれを実にいろいろな場面でやっています。多くの方は授業の最後に「ここで結局これ、見つかりましたね」と内容の確認や振り返りをしがちですが、そうではなく授業の途中でプロセスを振り返る時間を取るといいと思います。授業の最後では、挽回するチャンスが作れませんからね。

重松　なるほど。

田中　なので、「あれ、伝わってないな。不自然だな」と思うところでは必ず戻すというのを意識するといいですよ。子ども同士のけんかの仲裁に入るときも同じです。「こうでしょ?」と注意しているときに、子どもの顔が「ん?」となったときは何かがあるときだから。「ごめん。今ちょっと先生が話したことだけど、どこか違うところある？」と戻してみる。すると、子どもが「うん。先生ね、まあ私が悪いんだけど、最初に下敷きを取ったのはここにいないメンバーなの」とか、こちらが知らない別の情報が出てきたりしますから（笑）。子どもの表情を観察して「え？」というような顔を見つけたら、少し戻して話を聞いてみる。これは、学級指導のときでも役立ちますよ。

重松　先生のお話から、一つの授業をとっても子どもの様子が様々なことが分かりました。自分も授業をしていて、子どもが見えていなかった部分、子どもの声を聞いてない部分があったなぁと反省しました。やっぱりお話しさせていただかないと見えない、気付けない部分でした。ありがとうございます！

子どもの理解度を様々な方法で見ていくことの必要性が分かりました。授業の中に子どもの遊び（ふっと気を抜ける場所）を入れたり、子どもが全員参加できるような手立てや声かけを入れたりしながら自立解決に向かえる支援をしていかなければならないのですね。こうやってじっくり話させていただくことで自分も深まったので、やっぱり対話って大事ですよね！（笑）

第4章

「フリー対話」で創る算数授業

実践事例①
2年：正方形

四角やけど、四角の形が違う！

くまモンを使って正方形を考える

2年生での図形領域、長方形を学習した後の正方形の授業の実践を紹介します。子どもに**「すべての辺が同じ長さ」になること、「4つの角がみんな直角であること」を分かってほしい**と思って行った授業です。

くまモンという熊本県のキャラクターがホームページで作れる、という熊本県のサイトを見つけたので、そこから正方形のよさを感じられるようにしようとしました。しかし、用紙ぴったりの設定で印刷をしてしまったため、Ａ４の紙いっぱいにくまモンが引き伸ばされてしまいました。そこから、長方形との区別ができるかもしれない、とそこのズレを導入に使うことにしたのです。

「先生、くまモンを作ってみたよ。かわいいでしょう？」と見せると、予想通り子どもたちからは「いいなー！　作りたい！」との声。

提示したのは、正方形で折ったきれいなくまモンです。

早速子どもたちからは「紙ちょうだい！」の大合唱。そこで、わざと長方形の紙を配って子どもたちに作ってもらいました。苦戦する子どもたち。

「くまモンの顔……歪むんだけど……」

「白いとこ、出てくるんだけど……」

子どもたちが口々に言い始め、紙を開き始めました。

「せっかく作ったのに、なんで開くの？」と尋ねると、「だって、先生の持っているのと紙の大きさ違うからかな？」とのこと。

そう、ここで配布した長方形はB５判。私が作ったのは、A４の長方形から切り取った正方形。なるほど、紙の大きさだと思ったのですね。

A４でもできない子どもたち。

「大きさじゃないのかな……」

「ね、先生！　先生のくまモン、広げていいですか？」とある子が言いました。

この場面だけでも、ただ**「できない」ではなく、「できるものと何が違うか確かめたい」という気持ちになっている**ことが分かります。

「ごめんね、たくさん作ってなくって……6個しかないんだけど……」と言うと、子どもたちは「グループで一緒に見るから、それ全部配って！」と、とにかく私が作ったくまモンを欲しがります。

これは私がしかけた部分で、わざとお手本（開いてもいいもの）を6個しか作りませんでした。こうすると、どこかに集まって見るか、班で見るかしかありません。こちらから「班で……」と言うより、子どもたちが自分で選んだ方法になるわけです。

お手本のくまモンを広げた子どもたちは、「え？　四角やけど、四角の形が違う！」「先生のとぼくたちの紙、全然違うやん！」と口々に言います。

「違う？　どこが違う？　折れる四角と折れない四角は何が違うの？」と問うと、子どもたちは定規や直角マークを当てたりして調べ始めました。

一緒に活動することで見方が広がる

低学年の対話活動は、何かを一緒にすることで生まれる部分もあると思っています。今回だと、**長方形と正方形を比べること**です。一人で調べることもできますが、何をどう調べたらいいか手が出せない子には友達がやっていることを見せることは、とても効果があるのです。

長さを調べ始めた子に、「何しよんの？」「長さ測っとる」「ふーん……」。このやりとりだけでもいい。「長さを測ることが四角の違いを見つけるヒントになるかもしれない」と思うだけでもいいのです。

４人集まると、さらに「直角マークを当てたい！」と長方形のときのように言う子も出てくるでしょう。くまモンの顔にこだわる子もいます。そんな多様な意見や考えを少し出しておくと、見方が少し広がるのです。

「もう調査完了した？」と尋ねると、「ただいま、調査中でーす！」と返ってきたので、もう少し時間を置くことにします。

どうやら、長さや角度は長方形のときに学習していたので、早くに調査ができたようです。

「じゃあ、それぞれみんな調査してくれたこと、みんなにもお伝えしてくれない？」と言うと、たくさんの子が手を挙げてくれます。

「では、Aさん、どうぞ」

「定規で測ったらね、四角が同じ長さだったの！」

なるほど。「4つの辺の長さがすべて同じ」の部分ですね。けれど、これは先生が分かっていること。すぐに「そうだね、長さが一緒だね～！」と黒板に書いてはいけません。子どもたちが、4つの辺だとはまだこの言葉では分からないからです。そこで、同じ班の子に言わせます。

「え、Bさん！ Aさんがどこの長さを測って同じって言ってたか見てた？」

「うん、見てた。ここと、ここ！」

そう、子どもは全部見ているわけではありません。ふーん、測ってるな～くらいです。

Bさんは2つの辺だけを言ったのです。

「そうそう、一緒一緒！」

聞いていた他の子どもたちも同調します。

「そっかぁ、こことここね。この2つの辺の長さって一緒なのね！」と向かい合う辺を指したところを確認しました。すると、子どもから声が。

「長方形と一緒やん！」

「え、まだあるよ？」

こんなふうに2つの違う声が聞こえたときは、まず既習を言ってくれた子から拾っていきます。

「C君、もっかい言って？」

「上と下が一緒だから、昨日したやつと一緒や。長方形！」

「すごい！　昨日のお勉強のことを覚えてたんだ。しかも名前まで！　やるな〜。じゃあ、一緒の四角か……」

すると、「先生、まだあるってば！」と見つけた子たちが手を挙げてきます。

「まだある？　本当？」

一人の子が黒板に出てきて「上と下だけじゃなくて、横も！　右も左も一緒だったんよ」と説明し始めます。ここでやっと、４つの辺がすべて同じ長さというところに落ち着かせません。

活動することで子どもの記憶に残す

「え？　本当かなあ？　今班に4人いるよね。辺の長さ、一人一つずつ測ってみて？」

あえて私はここで子どもたちを煽ってみました。**誰かに頼って長さを測っていた子が絶対に測らないといけない場面に追い込む**のです。

苦手そうにしていると「ここ、ちゃんと合わせて。絶対一緒になるから！」と言う、しっかりもののお姉さんが現れます。「ほら、一緒やったやん！」と。

さて、私が「どうだった？」と尋ねると、「4つとも同じ長さやった。長方形と違う！」という答えが返ってきました。

正方形を班でまわしながら一緒に長さを測って……などとすると、エピソード記憶として子どもの記憶に残ります。

ここで「そっかぁ、4つの辺みんな長さが一緒なんだね」としっかり確認します。すると、「先生、角度も直角マーク使えるんよ。また班のみんなでやってみて！」と言う子が現れました。この子がすごいのは、暗に「4つの角度がみんな直角である」と言っているところです。でも、やっぱり気付いていない子もいます。

「そうなの？　なら、みんなでやってみる？」と、班にお任せします。

２年生でも、こういう対話の仕方ならば型に入れなくても自然と話すことができます。

「４つとも直角マークかけた！　これは長方形と一緒や！」

２つとも性質を押さえたところで、ある子が気付きました。「この四角、ぴったり半分に折れるよ」と。

くまモンを作るのに、長方形だと三角にきれいに折れず、顔がうまく出てこなかったのです。なので「三角に折れるよ、この四角！」と気付いたようです。

「縦もできる！」「横にも折れる！」と口々に言い始め、「すげー！　この四角、どっち向きにも折れる！」と正方形のよさを実感していました。

「ましかくだったんだね、折れるのは」と子どもが呟いたので、そこで初めて「正方形」という言葉を教えました。ある子が言いました。

「確かに正しい形だね。くまモンの顔がちゃんと出てくるんだもん」

最後に、（いじわるで）ひし形を出してみました。みんなは「全然形違う～！」と言っていましたが、「ほら、全部の辺、同じ長さだよ？　どう？」と言うと、「直角マークつけられないよ！　折れないし。だから正方形じゃない！」と、しっかり弁別ができるようになりました。

※昔はくまモン公式HPにて無料でダウンロードして印刷ができていましたが、なんと今はなくなっていました……。くまモンランドに変わってしまっていました。すみません。いろんな県のキャラクターが無料配布されていることもあるので、ご自身の県にゆかりのあるキャラクターなどを検索されてみてくださいね！　また、企業さんの公式サイトによってはキャラクターを無料で印刷できるところもあります。

田中博史コメント

まず重松先生のテンポが、とてもいいなあと思いました。子どもたちの気付きに対していつも一歩遅れて歩いている教師の姿が、子どもたちの活動を前向きにしているのだと思います。子どもが辺の長さに気が付いたところなどは特にそうです。

一般にテンポのよい授業というと、反応の敏感さや教師と子どもとの速い掛け合いなどが話題になりますが、参観している大人には小気味よくても肝心の子ども集団の中についていけない子をつくってしまうこともあります。子どもの参加度、表情を見て自分のテンポを調整できる重松先生のような対応力は大切にしたいですね。

実践事例②

3年：分数の計算

なんで、$\frac{4}{4}$でなければいけないの？

全員で問いを共有するようにする

分数の同分母のひき算の学習後に出した問題は、整数を分数に変えてひき算をする、というもの。問題は$1-\frac{1}{4}$です。

私は昔、「この問題どうやって解けばいいと思う？」と尋ね、子どもが「1を変える」「1があるから計算できない……」という言葉が出てから「じゃあ、今日はその困っている1をどうすればいいか考えようか！」と言って、黒板に「$1-\frac{1}{4}$の計算の仕方はどうすればいいのかな？」などと書いていました。

でも、もう少し掘り下げる必要がありました。「1を変える」「1があるから計算できない……」と言っていた部分です。お気付きの方もいると思いますが、実はここには1が2箇所出てきているのです。整数の1と、分数の分子の1。

きっと、今までと違うからできないと思っていた子にとっては、みんながどこの話をしているのか、それがなぜできないのかが分からなかったでしょう。

そこで、そのときの私は「何に困ってるの?」と尋ねました。すると、「今までと違うからできない」と。そこで、全体に返します。

「Aさんは、今までと違うって言ってたけど、どこが違ってると思う? ちょっとこれが今までと違うかもなぁってところ、お隣と指さしてみて」

これが一斉授業のよさだと思っています。何人かが言ったからすぐに課題を書く……のではなく、みんなでここだ!というところを共有するのです。大体みんなが整数の1を指さしていると見取ると、私はわざと変えていきます。

「みんなが指さしてたのは、$\frac{1}{4}$の上のところかぁ。違うかな?」

すると「そっちじゃないよ! 分数じゃない方!」とすかさずツッコミが入ります。

「え、だって昨日の問題はひく数が$\frac{2}{4}$だったから1に変わってるよ? みんな、鋭いなぁ」

なんて言うと、「そこじゃなくて、ひけないんだよ」「分数同士じゃなくなってるから、できんのよ!」と、少しずつ「違う」ことがなんで、どうしてできないのかを考え始めるようになってきます。「1が出ると難しい」と。

フリー対話を行うタイミング

ここでやっと、みんながこの昨日と違う整数「1」をどうしてやろうか……という気持ちになっています。「この1がみんなを困らせてるんだね」と言うと、「先生、ここでフリーちょうだい！」との声が。

これが、子どもサイドの必要性を持った対話の時間です。けれど、**ここですぐにフリーにするのではなく、それぞれの時間の使い方を決めさせます。**

「はじめは一人で考えてみたい人、どれくらいいる？」

手を挙げさせて、最初からその子のところには行かないようにしてもらうのです。その後、「自分の考えを伝えられそうだよって人は？」として、見通しが持てている子が誰なのかを確認します。

「何分くらいあったら自分がお話しできるようになる？」

と尋ねます。すると、みんなは「5ふーん！　少し長い方がいい！」などと言ってくれます。
　その後は子どもたちのフリーの時間です。黒板に集まる子どもたち、今さっき伝えられそうだと言った子が「図をかいて伝えられるよ〜困ってる人来ていいよ〜」と言い始めます。ノートを持って集まる子もいれば、一人でぶつぶつ言いながらしている子もいます。

　ある集団の内容を聞くと、「1を分数に変えたらいいんだよ！」とお話ししている子が。「どうやって変身させるの？」「$\frac{4}{4}$に変えたら計算できるじゃん？　分数同士になったから！」「……でも、なんで$\frac{4}{4}$じゃないといけないの？　$\frac{5}{5}$も1だったよ？」と活発なやりとり。

　問い返されると、教えていた側もうーん……と悩み始め、「ちょっと待って」と黒板で図をかいて話し合っている集団の方に行きました。

　分数に置き換えることは分かっているものの、改めて考えるとなぜ$\frac{4}{4}$でなければならないのかが説明できなくなったのでしょう。

「$\frac{5}{5}$だったら、計算できなくなるの、分かる？」

「でも、$\frac{5}{5}$も1になるよ？」

「分けてる数が違うじゃん。$\frac{1}{4}$が取れないでしょ？」

「どういうこと？」

　すると液量図のような図をかいて、「分けてる数ってことは、下の数？」

「そう。$\frac{1}{5}$と$\frac{1}{4}$の1個分の大きさが変わるでしょ？　ただ上と下が同じ数になるってだけじゃなくて、同じ大きさの分数をひくから、同じ大きさ、同じ分母で分けられたやつにしないと」

「$\frac{1}{4}$をひくから、その分母の数か。$\frac{4}{4}$じゃないといけないのか！」

　その子は、今さっきの子に戻って図をかいて説明をし始めました。

「ピザの図と思ってね。これ、4つに分けたピザ。これ、5つに分けたピザ。$\frac{1}{4}$を取るってなったら、4つに分けたうちの1個分でしょ？　こっちのピザからは取れるけど、

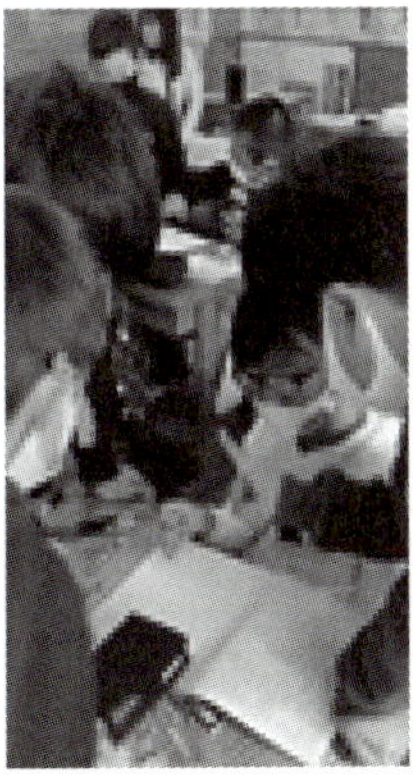

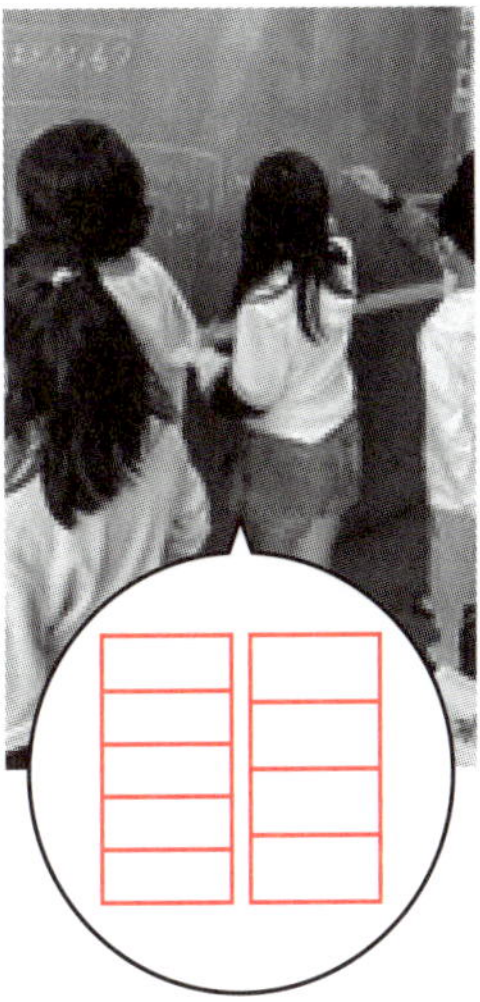

5つに分けたピザからは取れなくない？」

「大きさが違うけんね！」

「そうなんよ！　分けた大きさが違うんよ。$\frac{1}{4}$を取りたいから、分けた数を合わせないといけんから、$\frac{4}{4}$じゃないといけんのよ」

その子は話を聞きながら、自分のノートにピザの図をかいて、自分に分かりやすいように注釈を入れながら「分かった、そういうことか！」と言っていました。

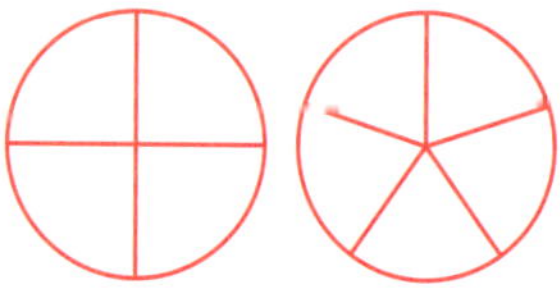

すごかった点はいくつかありますが、**黒板前で話し合ったときには液量図のような形の図にしていたのに、友達に伝えるときには円、しかもピザという具体を考えて相手が分かるように、と話しているところ**にびっくりしました。

仕組む対話を行う

「そろそろ5分なんだけど、どうする？」と尋ねると「たぶんみんな大丈夫！」との声。

ここで、「分かった人？」と聞くといつもと同じになってしまうので、もう一度困ったことを思い出させます。

「みんなは何に困ってたんだっけ?」

「1をどうすればいいか!」

「そっか、この1をなんとかすれば計算できるってなったんだったね。いい方法を教えてもらえた人、自分でこうかなぁと思った人もいたね。ちょっとまずお隣さんにも教えてくれない?」

フリーでの成果を見るためです。みんなに出す前に、分かった人はしゃべりたくなっていますし、最初から見通しを持てていた人は図を見せながら相手に話すでしょう。そこで、動けない子を確認します。私はこれを**仕組む対話**と呼んでいます。教師サイドの必要性の対話、ということです。

「1は、分数じゃないからできなくて、だから1を分数に変えたらいい」と子どもが言います。

子どもは、$\frac{4}{4}=1$はできるのに、逆に1から分数にすることは難しいと捉えています。なぜなら、日常の中に整数を分数にすることがないからです。また、分母と分子が一緒のときは1になるよ、などと教えられているので機械的にもできるのです。

「計算できないから、1を分数にする……なんで？」

そのとき、動けなかった子に当てていきます。

「え、なんでやろ？」「分からん！」

「分からないよねぇ。できなさそうだよねぇ」と乗っかると、すかさず口を開く子が。

「だって、分数同士は昨日できたじゃん？　てことは、分数にすればできるってことやん」

分からないと言った子が声に出したことで、次の子の発言を聞く必要感が出てきます。

「確かに、昨日分数同士だった！　そっか、だけん分数にしてもいいんや」と。


　1をなんとかしなければならない、でもみんな分数にしてる……なんで？と、フリーで出せなかった子を全体の中でしっかり解決していくのです。

「分数にすればできるよね。でも、1になる分数ってありすぎるよ？」と、私が$\frac{1}{1}$、$\frac{2}{2}$、$\frac{3}{3}$……と書き始め、「他に何がある？」と尋ねながら延々と書き続けると、「うわ、そうや、いっぱいあるやん！　どれ選べばいいんやろう？」「え、先生ストップストップ！　書きすぎ！」などと、子どもたちの次の困りが明らかになってきました。

子どもの「分からない」を出させるコツ

　ここはしっかり、$\frac{4}{4}$でなければいけないと理解するところです。

「これだけ数があるんだもん、どの分数を選ぶか、分からない人？」

　いつも気にしていることが、**「分からない」を出させるときに、子どもの逃げ場を作ることです。**ただ、「分からない人？」だけだとなかなか出てきませんが、「これだけの数があるから分からないんだ」とすると、自分を逃がすことができます。

　実際、たくさん子どもたちが手を挙げます。今さっき、フリーで$\frac{4}{4}$だと言っていた子たちも結局なぜ$\frac{4}{4}$なのかは分かっておらず、聞いて計算したらできたから$\frac{4}{4}$にした、という集団もあったからです。

「これだけあると、やっぱ探すのに時間かかるねぇ」と言うと、「大丈夫！　いい方法を教えてもらったんよ。ちょっと、前にかいていい？」とかき始める子が出てきました。フリーで教えてもらっていた側の子です。

「ピザの図が分かりやすかったんやけど、たとえを変えていい？」と言って、「$\frac{1}{4}$は、4つに分けたうちの1つ分やん？　ピザでいうとここ。で、例えば$\frac{10}{10}$にしたら、10個に分けれるやん？　10個に分けたうちから4つに分けたうちの1個分は取れる？　取れんやん？」

「大きさが全然違うから、1個は取れん」

「そうなんよ。だから、取れるように大きさを一緒にせんといけんのよ。ということは、分ける数は取る数と一緒にせんといけんのよ。4つに分けたうちの1個分取りたいんやったら、もともとのピザも4つに分けんといけんということ」

「え、じゃあ$\frac{4}{4}$や！」

「そう、他のだったら駄目なんよ。今さっき、そう教えてくれた」

すると、「付け足し！」の声。

「だから、昨日も分母の数がそろわないとできんかったやん。分母をそろえればいいから、ひきたい分数が$\frac{1}{4}$なら、そろえて$\frac{4}{4}$にしたらいいということ。分けている数と分母の数って一緒なんよ。だから、いくつに分けたよってヒントは分母にあるっていうこと！」

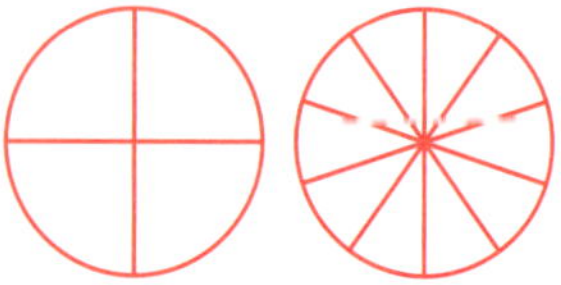

子どもたちの中で解決に向かった瞬間でした。

感動したのが、あの子がみんなの前で例を出すとき、$\frac{5}{5}$にこだわっていたのに$\frac{10}{10}$に変えたことでした。あとから聞くと、ノートに図をかいたときに定規を使わずかくと、$\frac{4}{4}$の図と$\frac{5}{5}$の図の1個分が同じ大きさに見えた部分があったそうです。人に伝えるのならば、とわざと大きさがはっきり見えるように10個に分けたとのことでした。伝えるために、話し合ったことから自分なりに数字や例を変える。対話の効果だなあと思いました。

また、**フリーをしたり、「分からない」と自分が発することで授業が盛り上がったり、自分が分かったり、閃いたりする瞬間を作ることで、自分で「言ってよかった」と自分の行動を振り返って満足させる瞬間も併せて作っています。**間違ったことを言うと、必ず「言わなきゃよかった……」と思わせてしまうからです。

今回の授業で言うと、フリーのときに「$\frac{5}{5}$も1だよ？」と問い返すことができた部分だったり、動けなかった子が「え、なんでやろ？」と呟いたりしたところです。

友達から聞いたことをつなげて発表すると、「あ、今さっきぼくと話したこと言ってくれてる！」と嬉しくなるようです。

田中博史コメント

子どもたちの小さな小さな戸惑いに、真摯に向き合った実践のよい例だと思いました。子どもが素直に自分を表現できると、「1を分数にすればいいと言うけれど、どうして4/4にしなくちゃいけないの?」というこんな小さな問いだけで、このように様々な子どもの説明能力を育てることができます。特に1つ分の大きさが違うと計算ができないという例を出すのに極端に大きさの違う分数を例にしたところなどは、子どもの「たとえ」を使う力のすごさがよく表れているなあと思いました。

重松実践では、子どもの方からフリーに話し合うタイミングを求めさせているという点が工夫として新しいと思います。確かに教師が話し合わせたいというタイミングと、子どもが話したいというタイミングは、ズレているときがあるかもしれません。私にはなかった視点です。その視点に立ってもう一度読み直してみたとき、その発言をしている子どもがどのタイプの子どもなのかも重要な視点になるのではないかと考えるようになりました。普段から元気よく発表できる子どもが話したいタイミングと、日常あまり発言しないタイプの子どものそれとでは違うかもしれないからです。このような構えで子どもに向き合うことこそ、本当の意味での個別最適化の手立てになるのではないかと思いました。

実践事例③
5年：速さ

3時間30分って、3.3時間なの？

誤答を活かして道のりを考える

この単元では、速さ・時間・道のりの関係を知り、それぞれを求めていきます。割合の単元に引き続き、この単元も苦手な子が多いですね。

私も子どもの頃、速さの単元は苦手でした。あの仮面ライダーのような覚え方（「はじき」の図ですね）に苦労したものです。目の部分と口の部分のどちらがバッテンになるのか、覚えていなかったのですから。

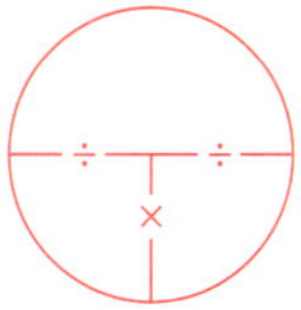

でも、そんな覚え方をしなくても文章から意味を考えて解けば、うーん……と頭を悩ませて思い出す必要もなかったのですね。

今回は、道のりを求める場面ですが、２問目は少しひねってみました。

5年：速さ

問題文は「ドライブをします。みほTは時速50㎞で3時間走りました。何㎞走った?」です(みほTは隣のクラスの先生です)。

「速さを使った問題だね! 何算で解いてみる?」

「かけ算?」「わり算?」

子どもが言ってくれた言葉を板書していきます。ここで、えー? どっちだろう?と統一させる必要はありません。**誤答を活かすことが大事**です。自分で気が付くチャンスをあげなければいけません。

「じゃあ、まず自分でこんなふうに解いてみようってやり方で解いてみてごらん」と言うと、必ず「あーできんかったわ!」という声が聞こえてきます。

自分の考えが持てたくらいの時間に、「どんな式を書いたか教えてくれる?」と聞くと、「50×3!」と統一されています。

「あれ、わり算ってやってみるって言ってた人もいたね。やってみた?」と聞くと、「先生、それできんかったから違うわあ」との声。どうやら50÷3は割り切れなさそうです。だから、「答え的に違う」と言うのです。しかしそれだと、きれいに割り切れる数が出たときに間違えてしまうでしょう。

「答えが違うって分かったから変えたのね。それもいいなあ。けど、はじめからかけ算って言ってた人、どうやってそう思ったの？ みんなわり算してみたの？」と聞くと、「いや違う！」「こういうところを見ればいい！」などと教えてくれます。

「時速50㎞ってことは、日本語に直すと1時間あたり50㎞走るってことでしょ？」と。

どちらも日本語なのですが……。それはつっこまないようにしておきます（笑）。言い換えてくれたのですね。

「そこまで分かる？」

「分かる、分かる！」

「そしたらさ……」と、黒板に表らしきものを書き始めました。

「1時間に50㎞ってことは、2時間で？」

「100㎞！」

「だよね、じゃあ3時間で？」

「150㎞！」

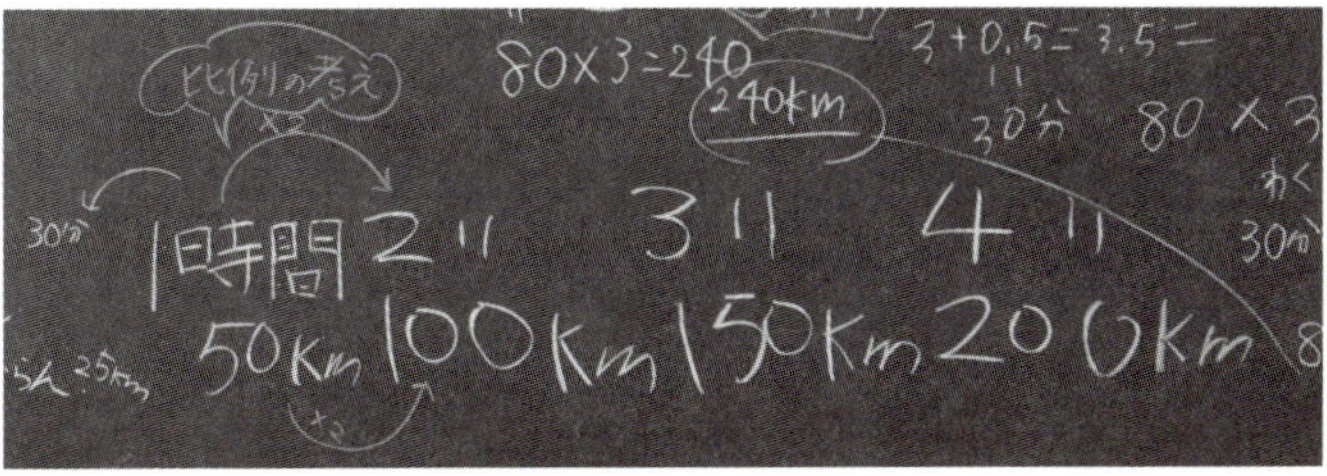

「あ、かけ算や！」

「その表、比例や！」

「1時間が出てるけん、それを増やせばいいんよ」

「だからかけ算か。簡単や〜今日の！」

大盛り上がりです（笑）

これだったら分かるという場面を設定する

けれど、私はたまに腹黒いのでここでは終わらせません。

「先生もドライブしたんよ。先生の道のりも求めてくれない？」と言って問題を出します。

「爆走シゲマツが、時速80㎞で3時間30分走った。何㎞走った？」

類題を解かせるようにして、いじわるなポイントを入れています。そう、30分です。

「うっわー、先生80㎞は高速やな！」

「3時間半も運転したんや！」

「さっきと一緒やん、簡単や！」

そんな声が聞こえたと同時に、手が止まる子どもが出てきます。

「え、待って、分からん」

ここで、分からない人には聞きません。あえて、分からない人がどこにつまずいているかを考えさせます。

「さっきと一緒やーって言ってたのに、分からん人がいるんだけど、何に困ってると思う？」

「先生、30分がある！」

「時間じゃないから分からん！」

「先生、ちょっと聞いて！　3時間なら分かる！」

おっ！と思いました。**子どもが考える上で大事なのは「これだったら分かる・解ける」という場面**です。

「3時間なら分かるの？」

「うん、さっきと同じやり方でな。時速80㎞ということは、1時間80㎞やん？　だから、もし3時間やったら、80×3で240なんよ。そこまで！」

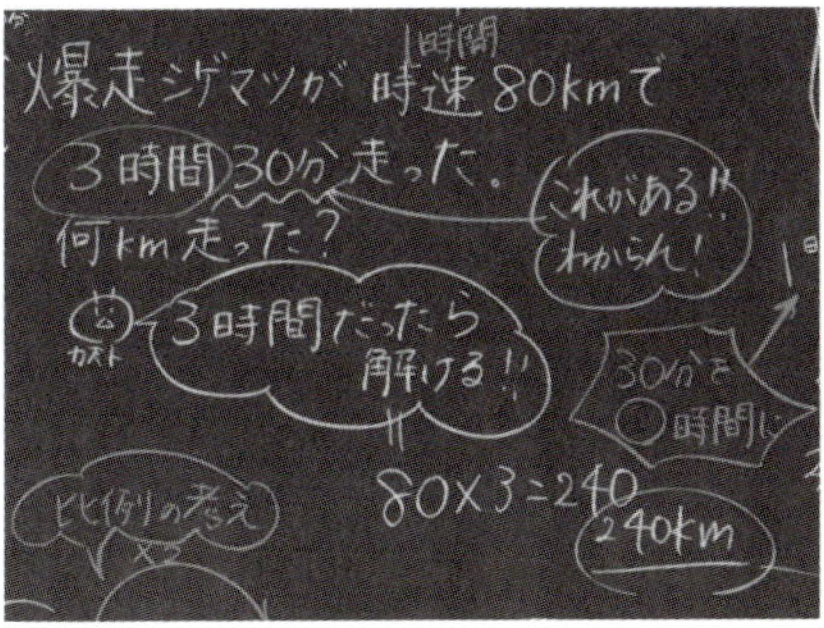

先ほどの学習が生きていますね。

「そっか、じゃあ、あと30分が分からないということだね！」

「でも、先生、240㎞より長いのは分かるよ」

ここで、少し自力解決の時間を取ります。そして、あえて答えだけをみんなに聞いて回ります。なぜなら、必ずズレが起こると思っていたから。

「264㎞」

「280㎞」

「2700㎞！」

「あ、やべ、2700は計算ミス〜」

「そっか、でもせっかくやから、思い出にB君の計算ミスの証しも残しておこうか」

「残しておこう！　それはありえんやつやー」

そんな会話も楽しみながら、問題は264と280の戦いです。

子どもの「もやっと」をフリー対話で共有する

「なんで280？」と言う女の子。

「30分を時間に直すやろ？　同じ単位にしないといけん。そしたら、３・３時間やん。80×3.3だから、264でしょ？」

そうだそうだ、と援護射撃が入ります。

「そうか、分だから計算できなかったんだね。分を時間に変えなきゃいけないね」と、黒板に大きく80×3.3を書きました。

「えー、ちょっと待って！　３時間30分って、３・３時間なの？」

「見たら分かるやん！」発表した女の子は３時間30分を指さして言いました。

「えー……ちょっと自信ない……ちょっとでいいけん、フリーしていい？」

子どもたちから声が上がりました。

「え、ちょっとでいいの？」

「なんかもやっとするんやけど、なんでか分からんのよ……なんか合ってる気もしてきた」と。

そこで、フリーの時間を取りました。そして、その「もやっと」が何かを聞きに行きました。

「俺、これは3・5やと思ったんよ。でも、確かに見たら3・3なんよな……」

完全に見た目に惑わされています。

そこに、「1時間の半分やん。てことは、0・5じゃないの?」との反論の声。

「え、やっぱそう? 俺もそう思ったんやけど、見たら3・3なんよ。そのまんまじゃ駄目ってこと? 30分のときだけ? え?」

そう、その子はなぜ3・3では駄目なのかの理由が分からないのです。3・5が正しいのは分かる、だけど3・3ではなぜ駄目か。今まで長さなどで、3・3cmだと3cm3mmだったように、見たままだったのです。

結局、その子はフリーの時間の中では解決できませんでした。解決というか、納得いく言葉が聞けなかったのです。ずっと、「えー?」「でも……」と。

フリーの時間は、必ずしも全員解決を狙っていません。**改めて「自分はここが分かっていなかった」や「みんなで出し合うときにここを聞かなきゃ……」と思うきっかけをもつ場でもいい**と思っています。

出し合いで、子どもたちから1時間の半分だから0・5だ、という話や図をかいて時計の半分だから0・5だ、など出てきて、3・5にみんなが大きく傾いていきました。その中で、「3・5っていう小数にするのが苦手な人にぴったりな方法考えてたよ」と言う子が現れました。

「あのね、30分ってことは、時速の半分だけ走ったってことでしょ？　だから、×3.5しなくても、80×3で240、あとは80の半分で40。240と40をたせば280になるよ」と。

「おぉー！　そんな考えでもいいのかー！」と言っている間、腑に落ちない2人。

「280はいいよ。ゆうこTは280km行ったんやろ？　でも、なんで3・3が駄目なんかが分からん」

いいこだわりです。納得するまで聞け！ですから。しかし、なかには「え、もう3・5で決まってるやん。3・3は違うんだって」と言う子もいます。

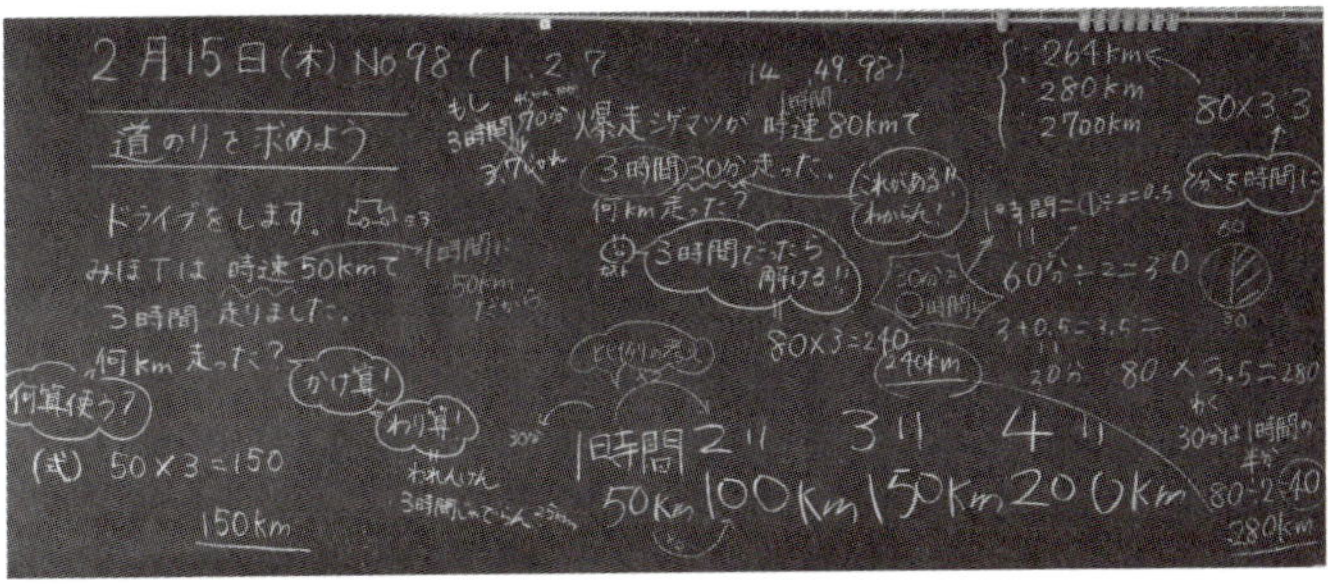

私も、考えます。ここで、対話が必要か否かを。

話し合って、だからこれは3・3にはならない、が出るような様子ではないと見取りました。話すには、時計が60で1になる、という部分から話さねばならず、2人は納得しないかもしれないと踏んだからです。

すると、ある男の子が「待って。俺、説明できるかもしれん」と言い出しました。

「矛盾が出てきたんよ。例えば、3時間70分だとするよ？　そしたら、○○の見方やったら、3・7時間やん。でも、3時間70分って、4時間10分のことやん。だったら、4・1になるはず。おかしくない？　ということは、時間は見た目で小数にしたらいけんのや」

え、すごい！　私も驚いた説明の方法でした。仮定してみる、という考え。なるほどなあと思わされました。

「ほんとや……時間は見たまんまじゃ駄目なんか……」

2人も納得。みんなも、「そういうことかあ……」と。

答えは早い段階で出ていたのに、ちゃんと納得するまで考えられたことが嬉しかった授業でした。

田中博史コメント

「速さを使った問題だね！　何算で解いてみる？」

この発問は要注意です。一つの式だけで解くのだと考えてしまいます。また一か八かでかけてもだめなら割ってみるという手段を使う子どもが出てきてしまいがちです。

算数の学習では演算の約束を教え、それが使えるようになったかどうかを診るという授業と、問題解決そのものを子どもに委ねそれまでに学んだものを組み合わせて解決させていくという授業があります。低学年では前者が多いので、「何算で解く？」と尋ねる場面が多くなりますが、後者のように子どもたちに解決の方法を委ねる場面では、場面をイメージして解決していくことをしないで最初から形式を使ったり、適当にとりあえずかけたり割ったりする子が出てくるようにしないためにも、発問の使い分けには注意が必要かなと考えました（いつもコメントで褒めてばかりではいけないかなと思い、時々改善の視点もこうして述べてみます（笑））。

ただ、それ以外のほとんどの展開部分における、子どもたちとのやりとりは実に自然で見事です。子どもたちが重松先生に対してはどんな小さな疑問でも投げかけられるという安心感が感じられる授業です。どのようにすれば、この子どもの姿が引き出せるのか、本当はそこだけに絞って重松先生にインタビューしてみたいところです。

実践事例④　5年：割合

元は何％なの？

子どもの考えにズレが起きたときこそ丁寧に進める

5年生でも子どもたちが理解するのが難しいとされる割合の単元です。百分率での表し方はできるようになっても、割合を使って考えることはとても苦手です。こちらが教えても、なかなか理解するまでに時間がかかる単元だと思います。

ここでの実践は、百分率の増減が示された問題で、基準量を求めることができることを目指した授業です。

「クリスマス前なので、カルベーさんがポテトチップスを30％増量して、390ｇになっていました。元は何ｇでしょう」という問題です（コンビ

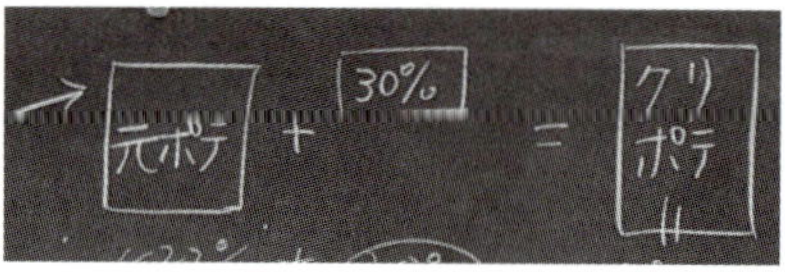

ニの増量されたポテトチップスを見て、思いついた問題です。会社名をやや変えています）。

「うわー、カルベーさんふとっぱら～！」「クリスマスで増やしてくれたんやけん、元は少ないってことやな」などと呟きながら自力解決をしていました。

すると、「え、これおかしい」「分からん」と次々に分からないがいっぱいになります。

「これ、難しい感じ？」と尋ねると、「なんかおかしい」と。

「そっか、ちょっと問題を一緒に確認する？」と問題文に戻ります。

「どうやって確認したい？」と尋ねると、「ちょっと絵でかこう！」

ということで、簡単に絵で様子を表すことに。

「元ポテトがあって、次は？」

「30％増量！」

「増量してくれたから……で？」

「そしたら、クリポテ（クリスマスポテト）になる！」

「だよね。みんなもこれでいい？　問題文！」

「絵でかくと単純なんやけど……なんかおかしい」

「おかしい、ってことは途中まで考えたの？　教えて」

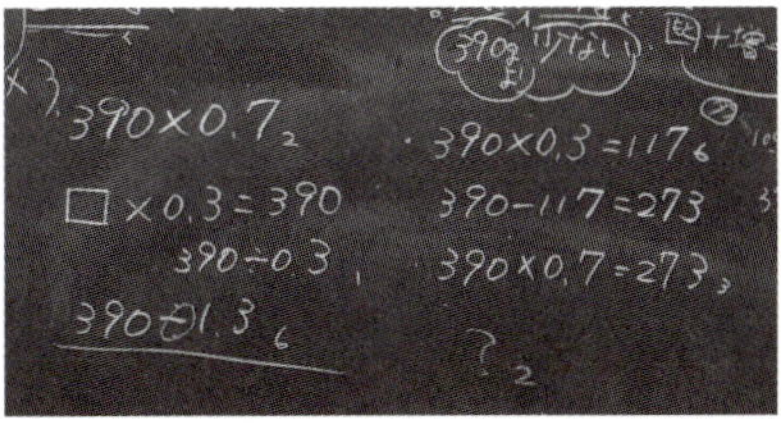

そう尋ねると、その子が答えてくれた式は、「390×0.3=117」でした。

「え、合ってるやん！」と言う子と、「私もそうやと思ったんやけど、どこかおかしい？」「あー、分かる！　それな！」という反応が返ってきました。

「そうだよね、どこがおかしいの？　元だから390gより少なくなっているから、合っているんじゃないの？」と返すと、「なんかなあ……ちょっと元が減りすぎな気がするんよ。117gで、30%増えて390gって、なんか……増やしすぎてる気がして」

　いい感覚だなぁと思いました。

「0・3じゃないやろ！　だって、390gで100%になるから、元は70%になるでしょ。だから、390×0.7でしょ。273や！」

「私、やり方違うけど390×0.3で117。それを390から117をひいたら273になったから273じゃないの？」

「え、かけ算なの？　元が知りたいから、□×0.3が390でしょ？　でも、計算するとさぁ……1300になって、元の方が多くなるから違うん

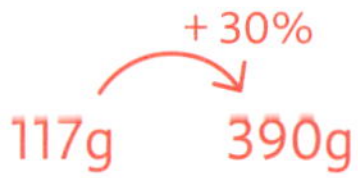

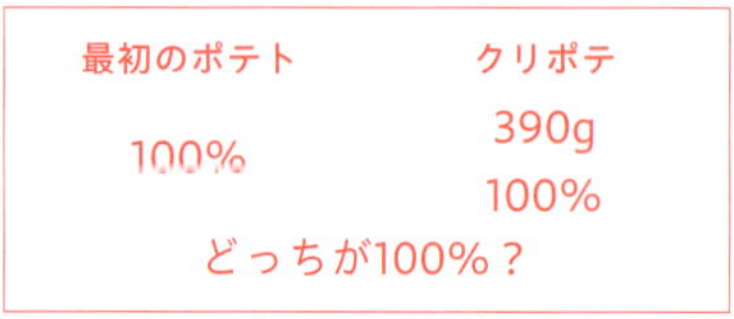

だよね……」

こうなってくると、この間に取り残されている子が出てきます。子どもの話し合いについていけなくなってくる場面です。子どもの考えにズレが起きたとき、課題に持っていく方法もありますが、**ここで「どんな計算になるのかな？」と尋ねて、話し合わせると分からない子が分からないまま進むことになります。**また、ここでフリーを入れても塾に行っている子だけが活躍してしまいます。難しい問題こそ、土台に乗せるのは丁寧に行っていきます。

他の子どもに話を聞きたい、言いたいとなるまで待つ

先生は誤答を分析することで、子どもの理解具合を知ることができます。

はじめの390×0.3と答えた子どもは、問題文からあまり考えずに30％だから、とかけ算を行っています。次の390×0.7と答えた子どもは、390gを100％だと考えているパターンです。元が70％と考えているために0・7をかけている様子が見られます。

最後にわり算を考えた子どもは、元が分からないので□で表していますが、増えた分だ

けをかけているので、元がとても大きくなってしまっています。

分からない子は、まずこれが何算になるのか、そして0・3という数は見えていても、0・7という数はどこから出てきたのかが分かっていません。ここでフリーを取っても内容が深まらないので、一度交通整理を行います。

「待って待って。いろんな数字が出てきたから一度整理しよう。390gだから、390を使う式になるのはいいのかな？」と、少しずつ確認していきます。

「次に0・3と0・7が出てきたよね？　0・3ってどこから出てきたの？」

「先生、それは30％だから戻して0・3でしょ？」

「そっか。じゃあ、0・7ってどこから出てきたんだろう？」

「先生、図でかける！　0・7がどこから来たか説明できる」

早速、図をかいてもらい、何がズレたのかをはっきりさせていきます。

「元が70％で、30％増えたから100％！　分かる？　全部で390gだから、これが100％なのよ」

テープ図のような図をかいて教えてくれました。

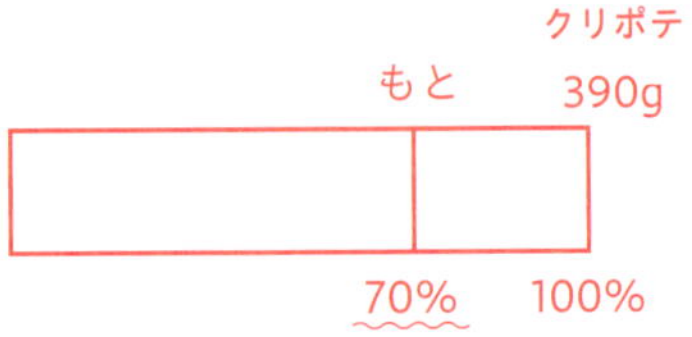

「70％だから、０・７！」と。

子どもたちのズレの一つ目は、「元が何％になるのか」です。

「なるほど、そこから0・7を見つけたわけだね」としっかり乗っかります。

「え？　そこ、70％なの？　１００％やなくて？」

「なんで１００％？」

「ちょっと、説明したい！」

「え、意味分からん、どういうこと？　先生、動きたい！」

この様子です。子どもたちは、人と話したくなると「動きたい」や「フリーちょうだい」と言い始めます。**一人で考えるのに限界を感じていることや、自分が70％だと思っているのに１００％だと言っている子の考えが聞きたくなっている状態になっているから**です。

いろいろな式が出ただけで「じゃあ、話し合ってごらん」だと、話し合いたい状況ではなく自分はこう思うけど、どう？と考えの発表会で終わってしまいます。

「何分くらいあれば話せる？」

「5分。ちょっと図をかきたい！」

フリーになると、子どもたちは黒板に集まったり、ノートを持って友達のところに行ったりする様子が見られます。もちろん、その中には一人で考えたい子もいます。それも、フリーです。

大体5分くらい経ったとき、子どもたちの話し合いを聞きながら何について話し合っているかを見取ります。

どうやら、子どもたちの悩みは「元が何%になるのか」のようです。このときに、ずっとフリーをさせていると分かっている子がどんどん説明していって、何人かが取り残されてしまいます。

「ちょっと、みんなの話がどうやら元が何%か、で困っているみたい。最初のクリスマス前のポテトってことだよね?」

「そう。今、聞いたら70%って人と100%って人がいた」

「聞いたら、どっちも確かに……って思ったんだよね」

ここが子どもたちの限界なのです。フリーだけで終わってしまうと、間違った考えも、分からない人にとっては正解に感じてしまっているために、テストなど一人で考えたときに誤答につながってしまいかねません。そうならないために、みんなの悩みを解決しておく必要があります。

「元って書いているから、公式でいうともとになる数だから１００％だよ！」なんて教えると、文章問題の苦手な子は問題の書きぶりによって惑わされてしまいます。

フリー対話と仕組む対話を組み合わせて理解を図る

解決できた子が手を挙げます。

「いい方法を思いついたんよ！」と黒板に出てきます。

「元が70％だったらって考えると、30％増えたら１００％でしょう？　そしたら、３９０ｇが１００％ってことなんよ。これが、１ね。そしたら、計算したら元が３９０ｇの０・７だから、２７３ｇ。そこまで分かる？」

「分かるよ。答えやんか！」

「それが、私もそう思ったんだんけどさ。問題に戻したらね、２７３ｇを30％増やしたら３９０ｇ……にならんのよ」

えーっ！と、どよめきが起こりました。

「２７３ｇの10％って、27・３ｇでしょ？　30％って27・３ｇが３つ分だから、81・９ｇ。

２７３ｇと81・９ｇをたしても、３９０ｇにならんのよ。これ、３９０は１００％じゃないわ」

　そこで拍手が起こりました。

「なるほど、問題に返ると違うことが分かるんか。元と書いてあるから、１００％は最初と思ってたけど、なんでか説明できんかったんよなあ」と。

　すると、次の問題が出てきます。

「じゃあ、３９０ｇって何％ってことなの？」と。

「はい、はい！　それ、さっき説明してもらったから分かる！」と何人かが手を挙げてくれます。こんなときには、さっきは分からなかったけれどフリーで聞いたことを言いたい、という子に当てていきます。**「聞いといてよかった〜！」という思いをさせてあげたい**からです。

「元が１００％でしょ？　で、増えたのが30％でしょ？　ってことは？　全部で何％？って話よ」

「え、たし算やん」

$273 \times 0.1 = 27.3$
$27.3 \times 3 = 81.9$
$273g + 81.9g = 354.9g$
30％増えた分
ならない！

「そう、100＋30で130％になるってことや！」

ここで、すかさずしっかりと板書に残してもらうために、「え、今のどういうこと？聞いてなかった！」と子どもたちを動かしていきます。すると、黒板に出てきて「ここが70％じゃなくて、100％で、30％増えたからクリポテは合わせて130％になったってこと。元の1・3倍ってこと！」と図をかいてくれました。

「ってことは、100％のところが知りたいから、1が知りたいんや。わり算や！」と言

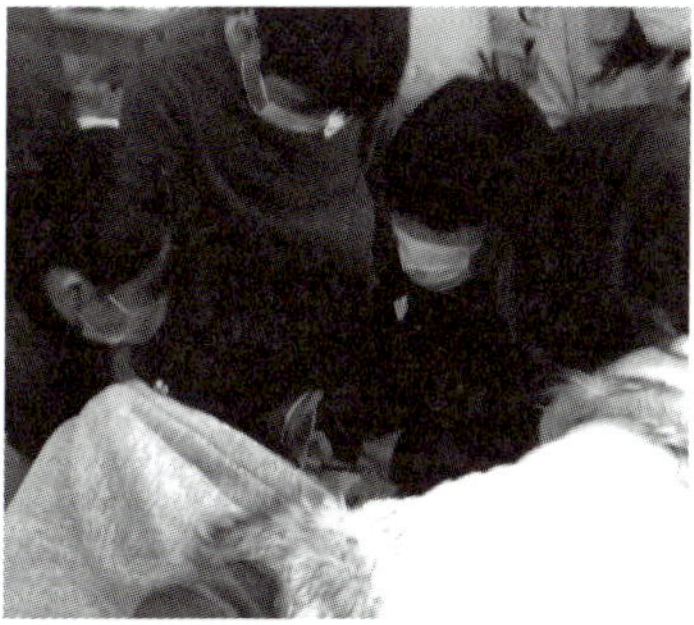

った子と、「30％が邪魔やなあ……」と言った子に分かれました。

そこにある子が「30％、なくせるよ！」と言って「390÷1.3をするでしょ。これが100％の答えなんよ。300gね！　300gの30％が知りたいじゃん？　そしたら、300÷10して、30！　これが10％ね。だから、これが3つで30％ってことは、30gを3倍。90gやん？　そしたら、ほら！　390－90で300になるやん。30％をgに直したら意味が分かるやろ？」と説明してくれました。

390÷1.3＝300←100％！

段々黒板が埋まってきたとき、すかさず子どもに言われました。

「先生、最後のフリー！　ちょっと黒板の近くに行って確認させて！」と。

意味が分からなくなった子どもたちが、動き始めました。そして、いろいろな図をかいたり表を書いたりして先ほど言った子どもの話をまとめていったのです。

一斉時間の中だけで理解する、聞いているだけでは難しいところです。**友達に分かるまで聞く、自分の説明を聞いてもらう、そんなふうに子どもたちは時間を使っているよう**です。

フリーが終わった後に、「元の100％を知りたいとき、どうしてわり算するんだっけ？」と尋ねました。

すると「元が分からんけん、□×1.3が390でしょ？　だから、□を求めたいから逆になってわり算！」と、自分たちの言葉で言えるようになっていました。

　ここで、公式から……なんて言わせる必要はありません。公式を忘れたらアウトなのは、私がよく分かっています（笑）。分かっているところを出して解決していけばよいのです。

　最後に「じゃあ、お隣さんと今日の問題の解決までの話をしてね」と言います。

　これが、私の中で仕組む対話です。**フリーは自由に人と話しましたが、隣と限定し、隣の人が解決までの話を話せるかを評価させる場面**です。その様子を見て、再度教える様子が見られた場合は一緒に式の確認をしていきます。

　このように、友達を「教えてくれる人」「助けてくれる人」「評価をして認めてくれる人」というふうに関わらせていきました。

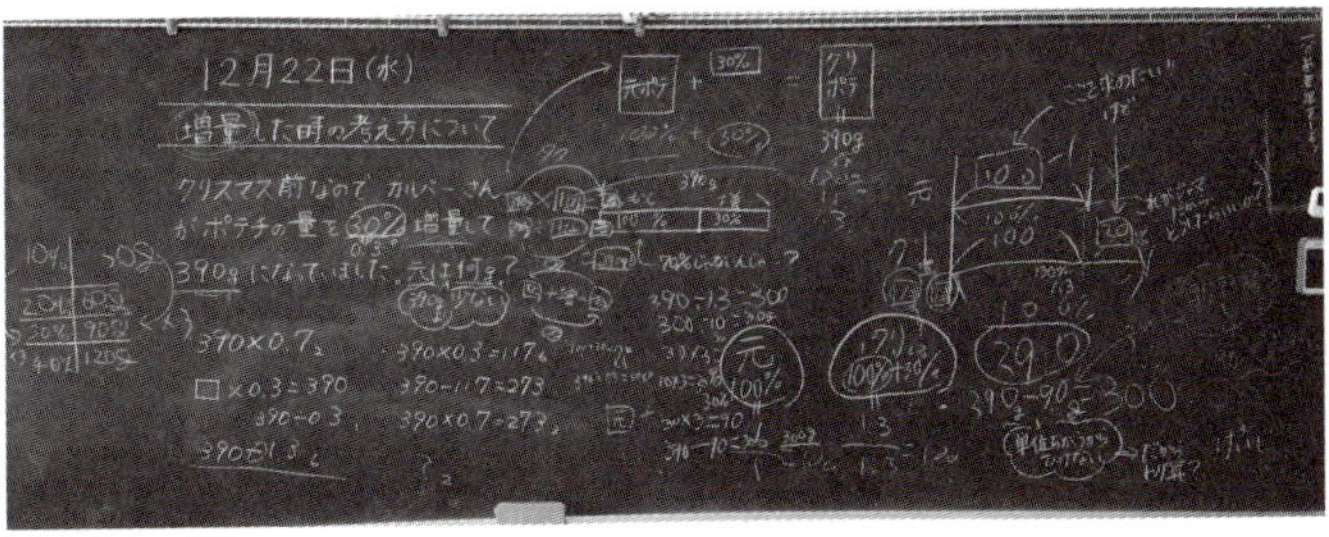

田中博史コメント

この実践では、苦手な子ども、混乱している子どもたちから「フリーで話し合う」時間をリクエストしているというのがよく分かります。ただ、このとき重松先生が述べているように、フリーの時間で子どもたちに任せただけでは限界があるという視点もとても大切ですね。

子どもたちが悪戦苦闘する様子を細かく分析し一つひとつ縺れた糸をほどくが如く重松先生は丁寧に寄り添っています。高学年になると、こうした配慮が必要な場面にたくさん出会いますので、読者の先生方もこの実践記録をしっかりと読み解いていくといいです。

おそらくこの実践は、文字だけで追っていると大人でもこの話し合いについていけない方もいませんか（笑）。メモを書きながら聞いたり、関係を整理したりするという目的での板書がこういう授業でこそ必要になることが実感できると思います。

余談ですが、このときに使っている「元」という言葉ですが、「もとにする量」つまり基準としての「元」という意味と「元の状態」というように時間的に前を表すときと、2つの用い方が日常言語としてはあります。教科書の問題などは、それが一致しているものが多いのであまり混乱しないかもしれませんが……。

「タイムセールで２００円割引になり８００円で売られていました。タイムセールに間に合わなかったので値段が元に戻ってしまいました。買い損ねたお客さんが損したなあ、値段が25％も上がっちゃったと言ってます」なんて言うとき、果たしてこの25％の「もとにする量」ってなんでしょうね（笑）

算数では、数学用語ではなく日常語が言葉の式としていろいろな場面で使われています。子どもたちの解釈のズレは、もしかしたらこの言葉の約束のときにも起きているかもしれないと構えておくと、子どもの戸惑いに共感できるかもしれませんね。

割合の「くらべる量」という言葉もその典型です。「くらべる」を日常語として捉えると、割合の問題に出てきている量はどれも比べている量なんですから子どもたちの戸惑いもよく分かりますよね。

実践事例⑤

6年：分数×分数

$\frac{3}{4}$時間は1時間より多いの？

時間を分数にして扱う難しさ

6年生の分数×分数の単元の中に、時間を分数で表している問題がありました。内容的には、60に分数をかけると「時間」が分かる、というもの。簡単なように見えますが、子どもにとっては時間を分数で表すということ自体に日常性がないために、見たときにどこから解くべきなのか、どう手を出したらよいかが分からなくなる子どもがいるはずです。

教科書の問題では、$\frac{3}{4}$時間が何分かを尋ねていました。

授業を構想するとき、子どもは分数と単位に引っ張られて難しく考えるだろうなあと思い、「分数で表されたものはどう考えればよいか」が話題になると考えました。けれど、展開は子どもの「分からない」で少しずつ変わっていったのです。

教科書と同じように提示しても子どもたちに必要感を持たせられないなあと感じ、提示の仕方を次のように少しだけ変えてみました。

「お母さんが、YouTubeを$\frac{3}{4}$時間見ていいよ。って言ってくれたんだ」と。

「そんなお母さんいないよ！」

「いじわるや、分からん！」などと言う中、「え、そんなに見ていいんや！」と言う子と「少なすぎる！」と言う子で分かれたのです。

お互い、「え、なんで？」です（笑）

子どもたちに聞いてみると、多そうだという子が７人、少なそうという子が16人、分からないと答えた子が７人でした。

「だってさ、時間って書いてるやん。１日の中の$\frac{3}{4}$で？」

「え、そうじゃなくて時間って書いてるから、１日やないやろ」

やはり単位に引っかかったようです。なかには、無制限に感じるという子もいました。

こんなにバラバラになったときにフリーを入れてしまうと、**「算数の得意な子」に引っ張られてしまうので、みんなの「分からない」を**

6年：分数×分数

考える、取っかかりを探さなくてはいけません。

「$\frac{3}{4}$じゃ分からんよね……」と呟くと、「先生、$\frac{3}{4}$なら分からんけど、$\frac{4}{4}$なら分かる気がする！」と言う子がいました。

子どもから取っかかりを作ってくれたので、まず$\frac{4}{4}$から考えることにしました。

「$\frac{4}{4}$ってことは全部ってことやから、やっぱり24時間やん」

「え？　全部ってことやけん、無制限じゃないの？」

「$\frac{4}{4}$って、全部って意味なの？」などとみんなが考えながら話し合っていました。

$\frac{4}{4}$が「1」を指すのか、「すべて」を指すのかが分からなかったようです。

「これ……約分できるってことでしょ。ってことは、$\frac{4}{4}$って1じゃん。1時間のことじゃない？」

「確かに。じゃあ、$\frac{3}{4}$って、1時間より少ないよね」と言ったとき、子どもたちが「え、そういう意味なんか」「なら$\frac{4}{4}$はやっぱ1時間か！」と単位と分数が結び付きました。

「だったら考えられるかもしれん、ちょっとやってみたい！」と子どもたちがノートにいろいろな方法を考え始めました。

いつもなら私は、すぐに時計の図を渡すところなのですが……今回は人に説明するときに自分でかきそうだなあと考え、提示するのをやめました。

フリー対話を経て新たな問いが出てくる

「これ、３年生くらいの式で分かるやん」「図をかいたら見えた！」などと子どもたちが言い始めたので、「どうする？　まだ見えないお友達もいるみたいだけど、もう少し一人で頑張る？」と尋ねると、「見に行きたい！」とのことだったので、フリーで交流の時間を取りました。

すると、いろいろな式が出てきました。

・60÷4=15　15×3=45

・3÷4=0.75だから0.75×60=45

（この子は、分数だったらどうしたらいいか分からんけど小数なら……と言っていました）

時計の図をかいて４つに分けたところの３つ分を塗って、そこの塗った部分の時間を読んだ考え。

交流の間、ある子どもが「60ってどっから出たの？　どこにも書いてないやん……」と友達に聞いていました。

そう、今さっき$\frac{4}{4}$は1時間とは確認しました。けれど、時間と書いているのに60分に戻す意味が分からなかったのです。

「ちょっと聞いて！　いろんな式が出てきたんだけど、分からんことがあるのよ。お母さんは$\frac{3}{4}$時間って言ったでしょ？　なのに、みんな60って黒板にも書いてるんやけど、どっから出てきたの？」とみんなに問いかけてみました。

そのとき「確かに……」と言う子と、すかさず「だってさ！」と手を挙げる子が出てきます。

「1時間は60分やん！」

「それは分かってるけど……いるん？　だって、時間でしょ。分にしろとは書いてない」

なるほどなあと思いました。**授業の中で、ここに困っている、というのを出し合うのは大切だなと思わされた言葉**でした。

私の中で、1時間は60分が分かっていないからかと思っていたのですが、子どもの中では、そもそも60分に変える必要がない、と考えているのです。

対話を通して子どものもやもやを解決する

「書いてないなあ……そっか……」

「いや、分かる！ あのね、$\frac{4}{4}$時間が1時間、ここまでいい？」

みんなが頷きます。

「そしたら、$\frac{3}{4}$って1時間より多い？ 少ない？」

「少なーーい！」

「やろ？ 1時間の$\frac{3}{4}$倍ってことなんよ。けど、それって結局$1\times\frac{3}{4}$で戻るやん。ちゃんとした時間が知りたいから、1時間を60分に変えたら何分かって出るやん」

「1時間の$\frac{3}{4}$倍？」

「言える！ 図をかいて教える！」と、はじめは時計の図をフリーハンドでかいて見せていましたが、「あ、それあるなら貸して！」と教卓に用意していた時計の図を取ってかき始めました。

「1時間を、4つに分けるやん。その3つ分よ」

「60分の中に4個入ってるってこと？」

「4個入っているというか、4個に分ける。だから1個分が15分やん？」

「それが3つ分か！　だから60を使うのか」

「てことは40分か！」

「いや、ちゃんと計算してみて？　60÷4＝15で、15×3で45分や！」

「短いなあ、もっとYouTube見せてあげたらいいに、このお母さん」

「これ、分数を使って式を書けるよ。60分の$\frac{3}{4}$やろ？だから、60×$\frac{3}{4}$！」

「その方が1回でできるけど、間違えそうだから2つの式もいいなあ」

「俺ん家は、$\frac{8}{4}$時間見とるわ」

「見すぎやろ！」などと話しながら、$\frac{3}{4}$時間を解決していくことができました。

最後に、「自分だったらこの問題をどう解くか、お友達と話して言えるようにしてごらん」と言うと、黒板を使って話し始めたり、友達とノートを突き合わせて話したりしていました。**まとめや振り返りを書いたからできるようになるのではなく、授業の最後にこの問題、自分だったらこう解くよと自分の言葉で話して確認し合うのもよかった**ようです。

私のはじめの授業構想では「分数で表されたものはどうやって考えるとよいか」でした。中身はそうでしたが、子どもたちの問いは絶えず変化していたように思います。

$\frac{3}{4}$時間、という短い問題の中に子どもの困りがたくさん出てきました。単位、見方、式の作り方、１時間＝60分という置き換え。ただ分数で表されたものは60でかけるといいよ、だけではなく一つひとつみんなで解決していくことが改めて大事だと思わされた授業でした。ノートには書かれない、子どもの素直な言葉を引き出したり、もやもやを解決したりするのに、対話はとても有効でした。

板書の最後に、分からなかった子が「あ、できた」と書いています。みんなの言葉で分かるようになったのだなあと嬉しくなった黒板でした。

田中博史コメント

速さの公式でも「速さ×時間＝道のり」のように時間という言葉が使われています。ここにも1時間、2時間と表すときの単位としての「時間」という言葉と「時間が足りない」とか「あっという間に時間が経ちましたね」というように、日常に使う「時間」という言葉の区別がついていないことによる子どもの戸惑いが見られます。

公式で使っている時間は「秒や分、時間」などの総称として使われているのですが、私がかつて教えていた算数の苦手な子どもたちに確かめてみると、やはり単位としての時間だけだと思っていたり、逆に時間なら何でもいいのだと思っていたりと様々でした。

重松先生のこの実践の中でも$\frac{3}{4}$時間とあるのに1日の$\frac{3}{4}$と捉える子もいるのは同じ理由だと予想できます。

それにしても重松学級には、こうした小さな疑問を納得するまでこだわり続ける子が必ずいます。私も実際に何度か重松学級を見に行きましたが、クラスが変わっても必ずこうした細かな点に食い下がる子どもたちがいました。そしてそれを軸にした重松流の子どものフリー対話が見事に機能していくのを目の当たりにしました。

この授業の中では、子どもたちが戸惑ったときに、重松先生が提案するフリーの時間がすぐに用いられるのかなと思ったら違いました。彼女はそれを次のように書いています。

「こんなにバラバラになったときに、フリーを入れてしまうと、『算数の得意な子』に引っ張られてしまうので、みんなの『分からない』を考える、取っかかりを探さなくてはいけません」

この視点は、こうしたフリー対話の活動を今後取り入れようと思う先生に大切にしてほしいと思いました。何でも自由にさせればいいというわけではないと私も考えるからです。一般には「自由という言葉のつく活動」は丸投げではないかと指摘されることが多いのですが、重松先生は子どもの事実を観察し、彼らから「３年生くらいの式で分かりそう」「図をかけば見えそう」という言葉が聞こえるようになってからフリーの活動を使うことを判断しています。それも一度、子どもたちに必要かと尋ねてからです。

子どもの集団が今、どのような状態か、自由になったときに何を拠り所にして交流するのか、得意な子、苦手な子の立ち位置をどのように配慮するのか、さらに彼らが今それを求めているのか、常に自問自答しながら子どもに向き合い続ける重松実践のよさがよく見える記録だと思いました。

読んでくださった先生へ（ながーいあとがき？）

手にとってくださり、読んでくださり、ありがとうございました。

この本には、こうしたらすぐに対話活動が活発になる、あなたの授業がさらによくなり、子どもたちが分かった！と言うようになる……そんな魔法のような方法や技術は何も書かれていません。すみません。

では、何のために書いたのでしょう。めっちゃ時間かけて、手間もかけてもらいました。そんな本です。

ほぼ自己満足だと言われたらそうかもしれませんが、少しでも「先生」という職を授業で楽しむ方法が何か伝えられないかと考えていました。

そんなシゲマツの提案は、対話からでした。

先生方が今まで授業を創る上でもやもやしていた部分があったり、先生だから、完璧でいないといけないと思っていたりしたことはありませんか？　シゲマツがうまくいった！と思う事例も載せましたが、毎日悔やむことばかりです。指導内容から、日々の声かけまで。言い方考えりゃよかった……なんて、毎日です。

うちの職員室に聞いてみてください。私は、本当にどこにでもいる公立教員です。ちょっと？　いやだいぶ？　騒がしく、おしゃべり好きなくらい……。職員室の机上も、山脈を作るくらい、ちゃんとなんてできていません。その地層からプリントを探すのは得意です。まだ、指導もいただいていて、指導する立場でもありません。金曜日の夜に推しを見ながらお酒を飲むのを楽しみに平日頑張っています。そんな普通の（？）先生が素晴らしい機会をいただけたのなら、ただの実践記録で終わらせず何か伝えられないかと考えていました。

この本を読んだ後、「先生になれてよかったかも！」「子どもと話したい！」と思ってもらえたらと願っています。感情が生まれたら、思考できますからね（どこかに書きましたよね？笑）。

型はあくまで、型です。

型がある方がやりやすい先生もたくさんいらっしゃることも知っています。けれど、何か子どもとうまくいかないなあと感じたときや、先生になったときの感情を思い出したいとき、この本を読んでいただいて、何かを変える気持ちや、明日も子どもと授業をやってみるか！　話してみるか！という行動に移す原動力にしてもらえたらと思っています。

これが正解、なんて教育にはありません。人によってベターもベストも違います。

子どもを大切に思うからこうすべきだ、それは大人側が思うことです。

目の前の子どもとしっかり対話すること。子どもと型をパワーアップさせていくことも大事だと思います。

私は、いろんな方法を試していいよと話してくださる管理職にも保護者の方にも恵まれました。指導案を作れば、夜まで残って一緒に考えてくださる管理職の先生。私の悩みや愚痴を聞き続けてくれた同僚の先生方や学年部。子どものことで悩んだら一緒に悩み、励ましてくれる保護者のみなさん（むしろシゲマツ応援団になってくれました）。困ったときには呼び出してでも話を聞いてくれる同期、同僚仲間や友人たち。算数で困ったら、こそかふえのメンバーや全算研の先生方などたくさん頼ってきました。ありがたいことです。自分の困りや悩みを解決するとき、人数や場所を限定する必要があるのでしょうか。その人にしか話せない、言えないことがあることもあります。同じように子どもにも、限定させる必要があるのか？　授業がやりにくくなる、収拾できなくなる……こっちの都合で子どもに嫌な思いをさせてないか？　そんなふうに授業を振り返るきっかけにしていただけたら幸いです。

授業で悩みをもった先生方は身近だけでなく、全国にたくさんいることが分かりました。私も解決したかというと、ずっと悩み続けています。先生である以上、悩み続けるというか、授業の在り方を追い続けるものなのでしょう。

若くてもベテランでも、目の前の子どもたちとの授業をよくしたい、分かってほしい、楽しんでほしいと思える気持ちは同じです。授業が嫌になる……などと、先生という職業を楽しめていない先生方へ少しの参考になったり、授業を変えてみたいけど何をしたらいいか分からない、というような先生方に寄り添えたりする言葉がどこかにあればいいなぁと思っています。

本を書くという貴重な機会をくださった田中博史先生には本当に感謝をしています。目指した先生と一緒にこの景色が見られるとは思っていませんでした。地方の一教員であるにもかかわらず、丁寧に接してくださったこと。大人であってもこんなに嬉しいのですから、子どもたちも同じだと感じさせられました。

田中先生のSNSに、

「お前は誰のために授業をしているんだ」

という言葉が載っていました。

なんだか、頭をがーんと殴られた感覚でした。先生はずっと、子ども一人ひとりを大切にされています。私は若いとき、こうすれば子どもが食いつく、クラスをうまくいかせるためにこう話さなきゃなどと方法論ばかり勉強していましたが、一つの授業で目の前の子どもを見ることの大切さを教えていただきました。

技術も大事なのですが、子どもに対して、単に子ども扱いするのではなく、あなたを大事に思っている、と日々伝え続けること。あなたの考えや困ってることをちゃんと聞きたいという気持ちをもつこと。一人ひとりに時間を作ること。そんな根本を大事にすることを続けていくと、子どもからこんなことを言ってくれるようになったのです。

「ゆうこTは俺らのこと相当好きやもんな」って。

子どもに好かれるために教員をしているわけではありません。けれど、この人、自分のこと嫌っているのかも？と思う人の話を子どもは聞きません。一日の中で一番一緒に過ごしているのは授業の時間です。2人で話している時間ではありません。

その中で、自分はこんな人だ、こう思っているんだ、と伝える必要があります。授業のときはよく発表する子だけの話を聞く先生が、いつも話せない子から信頼されるわけもありません。授業の中でも、ちゃんと見てるよ、頑張ってるね、と伝え続けるのです。子どもは敏感です。

あの子が好きなんでしょ、あの子が出たら授業は終わりだ、と思わせてはいけないのです。話してない子も、ちゃんと参加してくれているのですから。

対話のベースは相手を尊敬する、相手を知ろうとするところ。この本の執筆を通して改めて教えていただきました。本を出版する上でずっと私を励まし続けてくださった東洋館出版社の畑中潤さんからも、教員ではないからこその鋭い見方、新たな見方などをお聞きすることができ、やっぱり話すっていいなぁと思い、自分の授業を振り返るよい機会をいただきました。

最後になりましたが、私は、この職業になれてとてもとても幸せです。いろいろなご意見もあるし、X（旧ツイッター）では日々先生方の悩みポストが止まらないくらい、簡単な職業ではないことも知っています。大変なこと、やらなければならないこともたくさんあるでしょう。

しかし、私にとっては教員採用試験を何度も受けて、塾の力を借りてまでなりたいと心から願った職業です。昔からの夢でした。年を取るごとに体力の衰えは若干感じていますが、子どもたちと一緒にいられる毎日は楽しくて仕方ありません。子どもの人生の中の1年間も一緒にいられるなんて、とっても幸せです。

担任って最高です。通知表や指導要録の担任欄に自分の名前があること、今でもにやにやしてしまいます。子どもの人生に関われた人間として正式に名前が残るんだなぁって。要録の様式1は20年保存と言わず、もうどこかにずっと永久保存しておいてほしい気持ちです。

中学に上がり、近況を話しに来てくれること。成人式に呼んでくれること。恋人ができたと教えてくれること。受験の悩みを相談してくれること。結婚式に呼んでくれること。友達とうまくいかないんだって愚痴をこぼしてくれること。数学教えてーと新教材を持ってきてくれること。人として長くつながれる素敵な職業だと思います。自分の成長を一緒に喜んだり悩んだりしてくれる人だと思ってくれている、というのが嬉しいですよね。

人を育てていると、自分とは違う価値観をもつ人とぶつかることもあるし、指導したことがすぐに結果として表れるわけでもありません。1年間、自分をすり減らしたからうまくいくなんてこともありません。努力が大事だと伝えているわりに、自分に達成感があるかというとそうでもないこともあります。10年後にしか子どもの本心が分からないことも、ずっと分からないままのこともあって、本当に大変なことばかりですが、かわいい子どもたちに出会えて私はさらに幸せになれました。

なので、「子どもにとって、楽しい学びの空間になる」授業を創ると、教師である私たちも楽しい時間に変わるはずです!! 教師でいられる時間を共に楽しみましょう!


今まで出会ってくれた私のクラスの子どもたちと、関わってくださったたくさんの人たちに、シゲマツの心からの愛が伝わりますように♡

最後に、本書の出版にあたり、田中博史先生にはたくさんのご指導とお話をいただきました。心から感謝申し上げます。

また、原口健太朗先生と小手川愛美先生には、本文の推敲に携わっていただきました。東洋館出版社の畑中潤さんには、最後まで丁寧に思いを大切にしていただきながら出版までご尽力いただきました。本当に感謝でいっぱいです。

本実践は、別府市立亀川小学校、別府市立南小学校、大分市立南大分小学校でのクラスの授業を載せています。

ゆうこTクラスのみんな、ありがとう!!

[著者紹介]

重松 優子（しげまつ ゆうこ）

大分県別府市立亀川小学校教諭。

大分大学教育学部附属小、附属中学校、大分県立上野丘高校を経て、広島大学教育学部卒業。

全国算数授業研究会の常任幹事として『子どもの数学的な見方・考え方が働く算数授業 6年』（東洋館出版社）の執筆に携わる。算数授業を子どもと創る研究会に属し、『算数授業を左右する 教師の判断力』（森本隆史編著・東洋館出版社）の原稿執筆も行っている。九州算数・数学教育研究大会や全国算数授業研究会地方大会などで授業を行う。全国算数サークルこえかふぇなど様々な算数授業研究団体にて活動中。

[監修者紹介]

田中 博史（たなか ひろし）

「授業・人」塾代表、学校図書教科書監修委員。

1958年山口県生まれ。元筑波大学附属小学校副校長、元全国算数授業研究会会長。主な活動は、教員研修や子育て支援セミナー。また子ども用教材「算数の力」（文溪堂）の監修経験から教材教具を活用した算数授業づくりセミナーや、教具を使った遊びを通して行う学級づくりのセミナーなど幅広い活動を全国で展開している。

主な著書に、『学級通信で見る！ 田中博史の学級づくり』（1、4，6年生）、『子どもが変わる接し方』『子どもが変わる授業』（東洋館出版社）、『子どもの「困り方」に寄り添う算数授業」（文溪堂）等、また主な共著・編著書に、『子どものために教師ができること』（盛山隆雄氏との共著）、『板書で見る 全単元・全時間の授業のすべて 算数』（1～6年監修）等多数。

「フリー対話」で子どもがつながる
算数の授業

2025年（令和7年）2月1日　初版第1刷発行

著　者：重松 優子
監修者：田中 博史
発行者：錦織 圭之介
発行所：株式会社東洋館出版社
〒101-0054　東京都千代田区神田錦町2丁目9番1号
コンフォール安田ビル2階
代　表　電話03-6778-4343　FAX03-5281-8091
営業部　電話03-6778-7278　FAX03-5281-8092
振　替　00180-7-96823
U R L　https://www.toyokan.co.jp

装幀：小口翔平＋村上佑佳（tobufune）
組版：株式会社明昌堂
印刷・製本：株式会社シナノ

ISBN978-4-491-05435-3　Printed in Japan